I0550417

Todos los libros de Linkgua Ediciones cuentan con modelos de Inteligencia Artificial entrenados por hispanistas. Pregúntale al chat de tu libro lo que desees acerca de la obra o su autor/a.

Para ebooks: Accede a nuestro modelo de IA a través de este enlace.

Para libros impresos: Escanea el código QR de la portada con tu dispositivo móvil.

Obtén análisis detallados de nuestros libros, resúmenes, respuestas a tus preguntas y accede a nuestras ediciones críticas generativas para una experiencia de lectura más enriquecedora.
La transparencia y el respeto hacia la autoría de las fuentes utilizadas son distintivos básicos de nuestro proyecto. Por ello, las respuestas ofrecen, mediante un sistema de citas, las fuentes con las que han sido elaboradas.

Juan Valera

Juanita la Larga

Barcelona 2024
Linkgua-ediciones.com

Créditos

Título original: Juanita la Larga.

© 2024, Red ediciones S.L.

e-mail: info@linkgua.com
Diseño de cubierta: Michel Mallard.

ISBN rústica ilustrada: 978-84-9953-828-0.
ISBN tapa dura: 978-84-1126-069-5.
ISBN ebook: 978-84-9953-181-6.

Sumario

Brevísima presentación

La vida

Juan Valera (18 de octubre de 1824, Cabra). España.
Era hijo de José Valera y Viaña, oficial de la Marina, y de
Dolores Alcalá-Galiano y Pareja, marquesa de la Paniega.
Tuvo dos hermanas, Sofía y Ramona y un hermanastro: José
Freuller y Alcalá-Galiano.

Su padre vivió de joven en Calcuta y adoptó posiciones
liberales. Por ello fue removido de su puesto. Tras la muerte
de Fernando VII en 1834, el nuevo gobierno liberal fue re-
habilitado y se le nombró comandante de armas de Cabra y
después gobernador de Córdoba.

La madre se opuso a que Juan Valera siguiera la carrera
militar. Este estudió Lengua y Filosofía en el seminario de
Málaga entre 1837 y 1840 y en el colegio Sacromonte de
Granada, en 1841. Luego estudió Filosofía y Derecho en la
Universidad de Granada, donde se graduó en 1846.

En 1844 publicó primer libro de poemas. Leyó mucha
poesía, y en particular a José de Espronceda, y a los clásicos
latinos: Catulo, Propercio y Horacio. Hacia 1847 empezó a
ejercer la carrera diplomática en Nápoles junto al embaja-
dor Ángel de Saavedra, duque de Rivas. Vuelto a Madrid,
frecuentó las tertulias y los círculos diplomáticos a fin de
conseguir un puesto como funcionario del Estado.

Así viajó por Europa y América. En Lisboa empezó su
amor por la cultura portuguesa y el iberismo político. De
regreso a España, empezó a escribir y publicar ensayos en
1853 en la *Revista Española de Ambos Mundos*; en 1854
fracasó en un intento de ser diputado, y por entonces estuvo

en los consulados de España en Frankfurt y Dresde con el cargo de secretario de embajada.

Hacia 1857 se fue seis meses con el duque de Osuna a San Petersburgo; polemizó con Emilio Castelar en *La Discusión*, y escribió su ensayo *De la doctrina del progreso con relación a la doctrina cristiana*. Asimismo, tras ser elegido diputado por Archidona en 1858, escribió en numerosas revistas como redactor, colaborador o director.

El 5 de diciembre de 1867 se casó en París con Dolores Delavat, veinte años más joven y natural de Río de Janeiro, y tuvo tres hijos: Carlos Valera, Luis Valera y Carmen Valera, nacidos en 1869, 1870 y 1872.

Durante la Revolución española de 1868 fue un cronista de los hechos y escribió los artículos «De la revolución y la libertad religiosa» y «Sobre el concepto que hoy se forma de España».

Juan Valera fue elegido senador por Córdoba en 1872 y en ese mismo año fue director general de Instrucción pública; en 1874 publicó su obra más célebre, *Pepita Jiménez* y, en esa época, conoció a Marcelino Menéndez Pelayo, con quien hizo gran amistad.

En 1895 perdió casi por completo la vista, se jubiló y volvió a Madrid; allí publicó *Juanita la Larga* (1895), y *Morsamor* (1899); frecuentó diversas tertulias y tuvo una en su propia casa.

Valera fue elegido miembro de la Academia de Ciencias Morales y Políticas en 1904. Murió en Madrid el 18 de abril de 1905 y fue enterrado en la sacramental de San Justo.

Sus restos fueron exhumados en 1975 y llevados al cementerio de Cabra.

La obra

Juanita la Larga es una historia de amor entre un hombre entrado en años y una joven. Narrada con un costumbrismo peculiar, en que el paisaje, los tipos, el ambiente andaluz, y el lenguaje, están sometidos a un ligero estilizamiento idealista, de manera que los lugareños se expresan tan académicamente como el autor.

La trama transcurre en Villalegre, sitio ficiticio inspirado en el pueblo cordobés de Cabra. Juanita es una joven de origen humilde, es la más bella y deseada del lugar y se convierte en objeto del deseo de Don Paco. La novela trata sobre las dificultades de Juanita para corresponder a un amor maduro, sometida a las presiones sociales y a la hipocresía de las costumbres de la España de mediados del siglo XIX.

Valera mantiene en *Juanita la Larga* sus principios estéticos, enfrentados al determinismo naturalista. Según sus propias palabras en su ensayo *De la naturaleza y carácter de la novela*:

En el mundo de la fantasía, que es el mundo de la novela, debemos admitir, no ya como verosímiles, sino como verdaderos todos los legítimos engendros de la fantasía. El criterio de la verosimilitud fantástica es el que decide sobre la legitimidad de esos engendros, sometidos en su nacimiento, en su desarrollo y vida, a ciertas leyes de conveniencia y de lógica. Así, por ejemplo, un hombre dotado de la facultad de volar nada tiene de inverosímil en novela: pero lo tendría, si el poeta que le crease no tuviese al propio tiempo bastante magia de estilo y bastante virtud representativa para trasladarnos a las regiones imaginarias en que es verosímil que un hombre vuele y para pintárnosle de modo que, a despecho de nuestra incredulidad, le veamos ir por el aire.

En último, en *Juanita la Larga*, por encima de las vicisitudes, triunfa el amor y la pareja acaba casándose.

Juanita la Larga

Al excelentísimo Señor Marqués de la Vega de Armijo
Mi querido amigo: no sé si este libro es novela o no. Le he
escrito con poquísimo arte, combinando recuerdos de mi primera mocedad y aun de mi niñez, pasada en tal o cual lugar
de la provincia de Córdoba. A fin de tener libre campo en
que fingir una acción, no determino el lugar en que la acción
pasa e invento uno dándole nombre supuesto, pero yo creo
que los usos y costumbres, los caracteres, las pasiones y hasta
los lances de mi relato, han podido suceder naturalmente y
tal vez han sucedido, siendo yo, en cierto modo, más bien
historiador fiel y veraz que novelista rico de imaginación y
de inventiva. Si no fuese porque ahora está muy en moda este
género de novelas, copia exacta de la realidad y no creación
del espíritu poético, yo daría poquísimo valer a mi obra. No
le tiene tampoco porque eleve el alma a superiores esferas, ni
porque trate de demostrar una tesis metafísica, psicológica,
social, política o religiosa. Juanita la Larga no propende a
demostrar ni demuestra cosa alguna. Su mérito, si le tuvie-
re, ha de estar en que divierta. Yo me he divertido mucho
escribiéndola, pero no se infiere de ahí que se diviertan también los que la lean. Al contrario, es muy posible que haya
agotado yo toda la diversión al escribirla y se la entregue al
público, monda y lironda, como quien se come la carne y tira
el hueso.

Había pensado yo, desde un principio, dedicar a usted esta
novela, llamémosla así; pero las anteriores consideraciones
me han hecho vacilar y me han tenido a punto de no hacer
la dedicatoria. Si no enseño nada porque en la novela no hay
tesis y porque no gusto de la poesía docente, y si no divierto

tampoco porque todo el jugo de la diversión que en la novela había me le he sorbido al componerla ¿qué es lo que voy a dedicar que merezca ser dedicado?

A pesar de lo dicho, he persistido después en hacer la dedicatoria y la hago, fundado en dos razones.

Es la primera la persuasión en que estoy de que usted acogerá este libro, con benévola indulgencia, prescindiendo de su corto mérito, por ser muestra de mi constante amistad y de la gratitud que le debo, ya por antiguos favores, ya por otros recientes, cuando hace poco fue de nuevo jefe mío. Y es la segunda que mi libro puede considerarse como espejo o reproducción fotográfica de hombres y de cosas de la provincia en que yo he nacido y en que usted es uno de los más ilustres magnates. Aunque las pinturas o retratos que yo hago carezcan de gracia, entiendo que en ellos resplandece el amor con que los he hecho, lo cual no puede menos de prestarles agrado y de atraerles la simpatía de usted y del público. Por donde me inclino a esperar que usted ha de gustar de mi libro y que también el público ha de gustar de él, si no tanto como usted, lo bastante para perdonar o disimular las muchas faltas que en él note.

Suplico a usted, pues, que acepte mi pobre ofrenda por la buena y cariñosa intención con que se la dedico y que me crea siempre su afectísimo amigo

q. b. s. m.

JUAN VALERA

El Imparcial, 14 de octubre de 1895

I

Cierto amigo mío, diputado novel, cuyo nombre no pongo aquí porque no viene al caso, estaba entusiasmadísimo con su distrito y singularmente con el lugar donde tenía su mayor fuerza, lugar que nosotros designaremos con el nombre de Villalegre. Esta rica aunque pequeña población de Andalucía estaba muy floreciente entonces, porque sus fértiles viñedos, que aún no había destruido la filoxera, producían exquisitos vinos, que iban a venderse a Jerez para convertirse en jerezanos.

No era Villalegre la cabeza del partido judicial, ni oficialmente la población más importante del distrito electoral de nuestro amigo, pero cuantos allí tenían voto estaban tan subordinados a un grande elector, que todos votaban unánimes y, según suele decirse, volcaban el puchero en favor de la persona que el gran elector designaba. Ya se comprende que esta unanimidad daba a Villalegre, en todas las elecciones, la más extraordinaria preponderancia.

Agradecido nuestro amigo al cacique de Villalegre, que se llamaba don Andrés Rubio, le ponía por las nubes y nos le citaba como prueba y ejemplo de que la fortuna no es ciega y de que concede su favor a quien es digno de él, pero con cierta limitación, o sea sin salir del círculo en que vive y muestra su valer la persona afortunada.

Sin duda, don Andrés Rubio, si hubiera vivido en Roma en los primeros siglos de la Era Cristiana, hubiera sido un Marco Aurelio o un Trajano; pero como vivía en Villalegre, y en nuestra edad, se contentó y se aquietó con ser el cacique, o más bien el César o el emperador de Villalegre, donde ejercía mero y mixto imperio y donde le acataban todos obedeciéndole gustosos.

El diputado novel, no obstante ensalzaba más a otro sujeto del distrito, porque sin él no se mostraba la omnipotencia bienhechora de don Andrés Rubio. Así como Felipe II, Luis XIV, el Papa León X y casi todos los grandes soberanos, han tenido un ministro favorito y constante, sin el cual tal vez no hubieran desplegado su maravillosa actividad ni hubieran obtenido la hegemonía para su patria, don Andrés Rubio tenía también su ministro, que, dentro del pequeño círculo donde funcionaba, era un Bismark o un Cavour. Se llamaba este personaje don Francisco López, y era secretario del Ayuntamiento; pero nadie le llamaba sino don Paco.

Aunque había cumplido ya cincuenta y tres años, estaba tan bien conservado, que parecía mucho más joven. Era alto, enjuto de carnes, ágil y recio; con poquísimas canas aún; atusados y negros los bigotes y la barba; muy atildado y pulcro en toda su persona y traje; y con ojos zarcos, expresivos y grandes. No le faltaba ni muela ni diente, que los tenía sanos, firmes y muy blancos e iguales.

Pasaba don Paco por hombre de amenísima y regocijada conversación, salpicada de chistes, con que hacía reír sin ofender mucho ni lastimar al prójimo, y por hábil narrador de historias, porque conocía perfectamente la vida y milagros, los lances de amor y fortuna, y la riqueza y la pobreza de cuantos seres humanos respiraban y vivían en Villalegre y en veinte leguas a la redonda.

Esto en lo tocante al agrado. Para lo útil don Paco valía más: era un verdadero factotum. Como en el pueblo, si bien había dos licenciados y tres doctores en derecho, eran abogados Peperris, o sea de secano, todos acudían a don Paco que, rábula y jurisperito, sabía más leyes que el que las inventó, y les ayudaba a componer o componía cualquier pedimento o alegato sobre negocio litigioso de algún empeño y cuantía.

El escribano era un zoquete, que había heredado la escribanía de su padre y que sin las luces y la colaboración de don Paco apenas se atrevía a redactar ni testamento, ni contrato matrimonial, de arrendamiento o de compra-venta, ni escritura de particiones.

El alcalde y los concejales, rústicos labradores por lo común, a quienes don Andrés Rubio hacía elegir o nombrar, le estaban sometidos y devotos, y como no entendían de reglamentos ni de disposiciones legales sobre administración y hacienda, don Paco era quien repartía las contribuciones y lo disponía todo. Cuidaba al mismo tiempo de la limpieza de la villa, de la conservación de las Casas Consistoriales y demás edificios públicos y del buen orden y abastecimiento de la carnicería y de los mercados de granos, legumbres y frutas; y era tan campechano y dicharachero, que alcanzaba envidiable favor entre los hortelanos y verduleras, quienes solían enviar a su casa, para su regalo, según la estación, ya higos almibarados, ya tiernas lechugas, ya exquisitas ciruelas claudias o ya los melones más aromáticos y dulces.

El carnicero estaba con don Paco a partir un piñón, y de seguro que, si alguna becerrita se perniquebraba y había que matarla, lo que es los sesos, la lengua y lo mejorcito del lomo no se presentaba en otra mesa sino en la de don Paco, a no ser en la de su hija, de quien hablaremos después.

Asombrosa era la actividad de don Paco, pero distaba mucho de ser estéril. Con tantos oficios florecía él y medraba que era una bendición del cielo, y aunque había empezado en su mocedad por no poseer más que el día y la noche, había acabado por ser propietario de buenas fincas. Poseía dos hazas en el ruedo, de tres fanegas la una. La otra solo tenía una fanega y cinco celemines; pero como allá en lo antiguo había estado el cementerio en aquel sitio, la tierra era muy generosa y producía los garbanzos más mantecosos y más gordos y tiernos que se comían en toda la provincia, y en cuya comparación eran balines los celebrados garbanzos de Alfarnate. Poseía también don Paco quince aranzadas de olivar, cuyos olivos no eran ningunos cantacucos, sino muy frondosos y que llevaban casi todos los años abundante cosecha de aceitunas, siendo famosas las gordales, que él hacía aliñar muy bien, y que, según los peritos en esta materia, sobrepujaban a las más sabrosas aceitunas de Córdoba, tan celebradas ya en la Gatomaquia por el Fénix de los Ingenios, Lope de Vega.

Por último, poseía don Paco la casa en que vivía, donde no faltaban bodega con diez tinajas de las mejores de Lucena, un pequeño lagar, y una candiotera con más de veinte pipas, entre chicas y grandes. Para llenar las pipas y las tinajas era don Paco dueño de un hermoso majuelo, que casi tenía seis fanegas de extensión; y, aunque su producto no bastaba, solía él comprar mosto en tiempo de la vendimia, o más bien comprar uva que pisaba en el lagar de su casa.

Era ésta de las buenas del pueblo, con corral donde había muchas gallinas, y con patio enlosado, y lleno de macetas de albahaca, brusco, evónimo, miramelindos, don-pedros y otras flores.

Claro está que para las faenas rústicas del lagar, del trasiego del vino y de la confección del aceite, hombres y bestias entraban por una puertecilla falsa que había en el corral. En suma, la casa era tal y tan cómoda y señoril, que si la hubiera alquilado don Paco, en vez de vivirla, no hubiese faltado quien le diese por ella 400 reales al año, limpios de polvo y paja, esto es, pagando la contribución el inquilino.

Menester es confesar que todo este florecimiento tenía una terrible contra: la dependencia de don Andrés Rubio, dependencia de que era imposible o por lo menos dificilísimo zafarse.

Por útiles y habilidosos que los hombres sean, y por muy aptos para todo, no se me negará que rara vez llegan a ser de todo punto necesarios, singularmente cuando hay por cima de ellos un hombre de voluntad enérgica y de incontrastable poderío a quien sirven y de cuyo capricho y merced están como colgados. don Andrés Rubio había, digámoslo así, hecho a don Paco; y así como le había hecho, podía deshacerle. No le faltarían para ello persona o personas que reemplazasen a don Paco, repartiéndose sus empleos, si una sola no era bastante a desempeñarlos todos con igual eficacia y tino.

Don Paco tenía plena conciencia de lo que debía y de lo que podía esperar y temer aún de don Andrés; de suerte que, tanto por gratitud, cuanto por prudencia previsora, le servía con la mayor lealtad y celo y procuraba complacerle siempre.

Don Paco, sin embargo, no recelaba mucho perder su elevada posición y su envidiable privanza. Además de contar con su rarísimo mérito, estaba agarrado a muy buenas aldabas.

II

Viudo hacía ya más de veinte años, tenía una hija de veintiocho, que había sido la más real moza de todo el lugar, y que era entonces la señora más elegante, empingorotada y guapa que en él había, culminando y resplandeciendo por su edad, por su belleza y por su aristocrática posición, como el Sol en el meridiano.

Hacía ya diez años que ella había logrado cautivar la voluntad del más ilustre caballero del pueblo, del mayorazgo don Álvaro Roldán, con quien se había casado y de quien había tenido la friolera de siete robustos y florecientes vástagos, entre hijos e hijas.

El tal don Álvaro vivía aún con todo el aparato y la pompa que suelen desplegar los nobles lugareños. Su casa era la mejor que había en Villalegre, con una puerta principal adornada, a un lado y a otro, de magníficas columnas de piedra berroqueña, estriadas y con capiteles corintios. Sobre la puerta estaba el escudo de armas, de piedra también, donde figuraban leones y perros, calderas, barcos y castillos y multitud de monstruos y de otros objetos simbólicos que para los versados en la utilísima ciencia del blasón daban claro testimonio de la antigüedad y sublimidad de su prosapia.

Decían las malas lenguas, y en los lugares nunca faltan, que don Álvaro estaba atrasado, que tenía hipotecadas algunas de sus mejores fincas y que debía bastante dinero; pero yo las supongo hablillas calumniosas, porque él vivía como si nada debiese. Le servían muchos criados, constantes unos y entrantes y salientes otros; y como era aficionadísimo a la caza, no le faltaban una jauría de galgos, podencos y pachones, y dos hábiles cazadores o escopetas negras que solían acompañarle.

En la casa había jardín, y además un desmesurado corralón, donde, para mayor recreo y gala, no se encerraban solo gallinas y pavos, sino, en apartados recintos, venados y corzos traídos vivos de Sierra Morena, y por último, amarrado a fuerte cadena de hierro, por temor a sus travesuras y ferocidades, un enorme mono que había, enviado de Marruecos un capitán de infantería, primo del señor.

Doña Inés, que así se llamaba la hija de don Paco, venerada esposa de don Álvaro Roldán, tenía también muchos costosos caprichos de varios géneros. Se vestía con lujo y elegancia no comunes en los lugares; sustentaba canarios, loros y cotorras; era golosísima y delicada de paladar y los mejores platos de carne y los almíbares más apetitosos se comían en su mesa. El chocolate, que se elaboraba en su casa, dos veces al año, gozaba de nombradía en toda la comarca.

Como don Álvaro Roldán estaba ausente más de la mitad del tiempo, ya cazando conejos, perdices y liebres, ya en distantes monterías, ya en las ferias más concurridas de los cuatro reinos andaluces, doña Inés se quedaba sola, pero tenía para distraerse varios recursos, además del de la lectura de libros serios.

Su criada favorita, llamada Serafina, era una verdadera joya: lo que se llama un estuche. Sabía tocar la guitarra rasgueando y de punteo; cantaba como una calandria, así las melancólicas playeras, como el regocijado fandango. Su memoria era rico arsenal o archivo de coplas, tiernas o picantes, en que la casta musa popular no siempre merecía el mencionado calificativo con que algunos la designan.

No se entienda por esto que doña Inés gustase de conversaciones libres y escabrosas. Cuanto no era lícito y puro, en el pensamiento y en la palabra, ofendía sus oídos de austera matrona pero en un lugar hay que sufrir tales libertades o hay que aparentar que no se oyen. El propio don Álvaro no era nada mirado en el hablar, ni menos aún lo eran las personas que le rodeaban. Valga para ejemplo cierto mozo, de unos quince años de edad, hijo del aperador y favorito de don Álvaro, que éste tenía siempre en casa para que entretuviese a los niños. Como el aperador era Calvo de apellido, al mozo le apellidaban Calvete. Y para que se vea lo mucho que hubo de sufrir en ocasiones la pulcritud de doña Inés, he de citar aquí un caso que de Calvete me han referido.

Antes de que cumpliese dos años el primogénito de los Roldanes, logró Calvete enseñarle a pronunciar con la mayor perfección cierto vocablo de tres sílabas, en que hay una aspiración muy fuerte. Encantado con su triunfo pedagógico, corrió por toda la casa gritando como un loco:

—¡Señor don Álvaro! ¡Ya lo dice claro! ¡El señorito lo dice claro!

Doña Inés se disgustó y rabió, pero don Álvaro quedó más encantado que Calvete y le dio en albricias un doblón de a cuatro duros, después que el niño dijo delante de él la palabreja y él admiró el aprovechamiento y la precocidad del discípulo y la virtud didáctica del maestro.

Amigas tenía pocas doña Inés porque casi todas las hidalguillas y labradoras de la población estaban muy por bajo de ella en entendimiento, ilustración, finura y riqueza.

Quien más acompañaba, por consiguiente, en su soledad a la señora doña Inés, era el cacique don Andrés Rubio, embobado con el afable trato de ella y cautivo de su discreción y de su hermosura.

Daba esto ocasión a que los maldicientes supusiesen y dijesen mil picardías. Pero ¿quién en este mundo está libre de una mala lengua y de un testigo falso? ¿Cómo la gente grosera de un lugar ha de comprender la amistad refinada y platónica de dos espíritus selectos? El señor cura párroco era de los pocos que verdaderamente la comprendían, y así encontraba muy bien aquella amistad y acaso daba gracias a Dios de que existiese, porque redundaba en bien de los pobres y de la iglesia, a quienes doña Inés y don Andrés, puestos de acuerdo, hacían muchos presentes y limosnas.

Era el cura párroco un fraile exclaustrado de Santo Domingo, muy severo en su moral, muy religioso y muy amigo del orden, de la disciplina y del respeto a la jerarquía social. Casi siempre en sus pláticas, en sus conversaciones particulares y en los sermones que predicaba con frecuencia, porque era excelente predicador, clamaba mucho contra la falta de religión y contra la impiedad que va cundiendo por todas partes, con lo cual los ricos pierden la caridad y los pobres la resignación y la paciencia, y en unos y en otros germinan y fermentan los vicios, las malas pasiones y las peores costumbres.

El padre Anselmo, que así se llamaba el cura párroco, admiraba de buena fe a la señora doña Inés como a un modelo de profunda fe religiosa y de distinción aristocrática. Era el tipo ideal realizado de la gran señora, tal como él se la imaginaba. Ni siquiera le faltaban a doña Inés ocasiones en que ejercitar las raras virtudes del prudente disimulo para no dar escándalos, de la santa conformidad con la voluntad de Dios y de la longanimidad benigna para perdonar las ofensas. Bien sabía toda la gente del lugar los malos pasos en que don Álvaro Roldán solía andar metido. A menudo, sobre todo en las ferias, jugaba al monte y hasta al cané; y, lo que es peor, era tan desgraciado o tan torpe que casi siempre perdía. Para consolarse apelaba a un lastimoso recurso: gustaba de empinar el codo, y aunque tenía un vino regocijado y manso, siempre era grandísimo tormento para una dama tan en sus puntos tener a su lado y como compañero a un borracho. Por último, aquel empecatado de don Álvaro, aunque tenía tan egregia y bella esposa, se dejaba llevar a menudo de las más villanas inclinaciones, y en una o en otra de sus dos magníficas caserías alojaba con mal disimulado recato a alguna daifa, por lo común forastera, que había conocido y con quien había simpatizado, ya en esta feria, ya en la otra.

Como se ve, don Álvaro distaba mucho de ser un modelo de perfección. El padre Anselmo no ignoraba sus extravíos, contribuyendo esto a hacer más respetable a sus ojos a la prudente y sufrida señora.

Era tal la distinción aristocrática de doña Inés que, sin poder remediarlo, hasta en su padre encontraba cierta vulgar ordinariez que la afligía no poco; pero como doña Inés tenía muy presentes los mandamientos de la Ley de Dios y los observaba con exactitud rigurosa, nunca dejaba de honrar a su padre como debía, si bien procuraba honrarle desde lejos y no verle con frecuencia, a fin de no perder las ilusiones.

En suma, don Andrés el cacique era la única persona que por naturaleza estaba a la altura de doña Inés y era capaz de comprenderla y admirarla. Y digo por naturaleza porque el padre Anselmo, aunque por naturaleza era entendido, estaba además tan ayudado y tan ilustrado por la gracia de Dios, que comprendía como nadie el valor y las excelencias de doña Inés, y era muy digno de su trato familiar, teniendo con ella piadosísimos coloquios, en los cuales se desataba contra la abominable corrupción de nuestro siglo y contra la blasfema incredulidad que prevalece en el día y que se va apoderando de todos los espíritus.

III

Sin el menor artificio he presentado ya a mis lectores a varios de los personajes principales que han de figurar en la presente historia; pero me quedan dos todavía, de los cuales conviene dar previamente alguna noticia.

Don Paco, según hemos dicho, era un hombre enciclopédico, de variadas aptitudes y habilidades; la mano derecha del cacique y la subordinada inteligencia que hacía que en el lugar la soberana voluntad del cacique se respetase y cumpliese.

Había, sin embargo, en Villalegre otra persona, que en más pequeña esfera y en más reducidos términos, si no competía, se acercaba mucho al mérito de don Paco por la multitud de sus conocimientos y habilidades y por lo hacendosa y lista que era.

Hablo aquí de la famosísima Juana la Larga. Imposible parece que esta mujer atinase a hacer bien tantas cosas diversas. Ella trabajaba mucho, pero no se ha de negar que con fruto. Tenía casa propia, sin lagar y sin bodega, pero en lo restante casi tan buena como la de don Paco. Carecía de olivares y de viñas, pero había hecho algunos ahorrillos que, según la voz pública, pasaban de 12.000 reales, y que iban creciendo como la espuma, porque los tenía dados a rédito a personas muy de fiar, y al 10 por 100 al año, porque como era mujer muy temerosa de Dios, de muy estrecha conciencia y muy caritativa, no quería pasar por usurera.

En sus diferentes oficios, Juana la Larga ganaba, por término medio y según los cálculos más juiciosos, sobre ocho reales al día o dígase cerca de 3.000 cada año. Y esto sin contar las adehalas, propinas, regalos y obsequios que recibía a menudo. Bien es verdad que todo y más se lo merecía ella.

Nadie era más a propósito para dirigir una matanza de cerdos. Salaba los jamones con singular habilidad. El adobo con que preparaba los lomos antes de freírlos en manteca, era sabroso y delicadísimo, y teñía la manteca de un rojo dorado que hechizaba la vista, daba delicado perfume y despertaba el apetito de la persona más desganada cuando entraba por sus narices y por sus ojos. Sus longanizas, morcillas, morcones y embuchados dejaban muy atrás a lo mejor que en este género se condimenta en Extremadura. Y tenía tan hábil mano para todo, que hasta cuando derretía las mantecas sacaba los más saladitos y crujientes chicharrones que se han comido nunca. Así es que los labradores ricos y otras personas desahogadas y de buen gusto se disputaban a Juana la Larga para que fuese a la casa de ellos a hacer la matanza.

En lo tocante a repostería no era nada inferior; y casi todo el año, y particularmente en tres solemnes épocas, no sabía ella cómo acudir a las mil partes a donde la llamaban: antes de Pascua de Navidad, a fin de confeccionar las chucherías y delicadezas que las personas pudientes y sibaríticas suelen entonces mandar hacer para su regalo: por ejemplo, los hojaldres y las célebres empanadas con boquerones y picadillo de tomate y cebolla que se toman por allí con el chocolate. Hacía, también como nadie, tortillas de azúcar y polvorones que se dejaban muy atrás a los tan encomiados de Morón; roscos de huevo y de vino y mucha variedad de bizcochos y de almíbares.

Si Juana no hubiera sabido tanto de otras cosas, se hubiera podido asegurar que era una especialidad maravillosa para las frutas de sartén; de modo que en los días que preceden a la Semana Santa no daba paz a la mano ni a la mente, acudiendo a las casas de los Hermanos Mayores de las cofradías, para hacer las esponjosas hojuelas, los gajorros y los exquisitos pestiños, que se deshacían en la boca, y con los cuales se regalaban los apóstoles, los nazarenos, el santo rey David y todos los demás profetas y personajes gloriosos del Antiguo y del Nuevo Testamento que figuraban en las deliciosas procesiones que por allí se estilan.

No estaba ociosa Juana ni carecía de conveniente habilidad para emplearla en la estación de la vendimia. Sus arropes no tenían rival en toda aquella provincia, y lo mismo puede decirse de sus excelentes gachas de mosto. En otoño, por ser cuando se dan los mejores frutos, se castran las colmenas y está fresca la miel, se empleaba Juana en hacer carne de membrillo y de manzana, gran variedad de turrones y ligerísimo y esponjado piñonate, cuyos gruesos y dorados granos quedaban ligados con la olorosa miel bien batida.

Fuera de esto, Juana se pintaba sola para disponer cualquier pipiripao o banquete que debía o quería dar algún señor del pueblo, ya con ocasión de boda o bautizo, ya para obsequiar al diputado, al señor gobernador o al propio obispo si venía a visitar la villa.

Y no se crea que Juana sabía solo hacer los guisos locales, sino que también había importado y añadido a la cocina indígena no pocos platos forasteros de más o menos remotos países, entre los cuales platos o manjares descollaban los celebérrimos bizcochos de yema, que solo hacían unas monjas de Écija, de cuyo secreto tradicional no se comprende por qué arte o maña prodigiosa ella había sabido apoderarse. Confeccionaba, por último, varios platos de origen francés, cuyos nombres enrevesados habían venido a modificarse poniéndose de acuerdo con la pronunciación española. Así, por ejemplo, chuletas a la balsamela, lenguados ingratines y anguilas fritas con salmorejo tártaro.

No era todo esto lo más admirable. Lo más admirable era que Juana, sobre ser la más sabia cocinera y repostera del lugar, era también su primera modista.

Casi siempre tenía una o dos oficialas que cosían para ella, y ella cortaba vestidos, con tanto arte y primor, como Worth o la Doucet en la capital de Francia.

Las señoras y señoritas más pudientes y aficionadas al lujo acudían, pues, a Juana para sus trajes de empeño, cuando había que lucirlos, ya en una boda, ya en una feria o ya en el baile que solía darse en las Casas Consistoriales el día del Santo Patrono.

Juana, por último, no era solo sabia y operosa en las artes del deleite, sino que ejercía también, aunque no estaba examinada ni tenía título, un menester o profesión de la más alta importancia social.

Era peritísima y agilísima para ayudar a cualquier mujer en los más duros trances de Lucina, y muchas se confiaban y se entregaban a ella porque jamás se le había desgraciado ninguna criatura, y porque la madre, como no fuese muy enclenque, a los seis o siete días de salir de su cuidado estaba ya de pie, y a menudo iba a misa, y, si se presentaba la ocasión, bailaba el bolero.

Con todas estas habilidades y excelencias, Juana la Larga no podía menos de ser querida y estimada en Villalegre, consiguiendo que su severa y más alta sociedad o high life le hubiese perdonado un desliz o tropiezo que tuvo en sus mocedades.

IV

En el momento en que va a empezar la acción de esta verdadera historia, Juana tendría cuarenta años muy cumplidos, si bien conservaba aún restos de su antigua belleza, que había sido notable cuando ella tenía veinte años; pero como entonces era muy pobre y no había descubierto ni mostrado sus grandes habilidades, no encontró, a pesar de su mérito, novio que le acomodase y tuvo que permanecer soltera.

A lo que se cuenta, cierto oficial de caballería que vino por aquellos lugares a comprar caballos para la remonta, y que era guapísimo y muy gracioso y divertido, se enamoró de Juana y logró enamorarla. No se sabe si le dio palabra de casamiento o no se la dio; pero lo cierto es que el bueno del oficial tuvo que irse a la guerra civil, que ardía en las Provincias Vascongadas, y allí le mató una bala carlista que le agujereó el cráneo y se le entró en los sesos.

Juana quedó, pues, semi-viuda. Póstuma o no póstuma tuvo una niña preciosa a quien dieron en la pila bautismal el mismo nombre que a su madre. El vulgo añadió después al nombre el mismo epíteto, por donde esta niña, que será la principal heroína de nuestra historia, vino a ser apellidada Juanita la Larga.

Su madre la crió con gran cariño y esmero, sin recatarse y sin disimular que ella era su hija, lo cual hubiera sido en aquel lugar, donde todo se sabía, el más inútil de los disimulos. Juana crió, pues, a sus pechos a Juanita; siempre la llamaba hija, y Juanita, desde que empezó a hablar, llamaba a Juana madre a boca llena.

Esto era considerado como una gran desvergüenza entre las personas severas del lugar, que clamaban contra el escándalo y mal ejemplo; pero, poco a poco, todos se fueron acostumbrando, y al cabo de algunos años nada parecía más natural ni más justo sino que Juanita fuese hija de Juana, a la cual no faltaron tampoco defensores, ya razonables, ya fervorosos, que alababan el cariño y la devoción material de la madre a la hija, y que, cuando eran algo maldicientes, no dejaban de comparar a Juana con otras que pasaban por honradísimas y que hasta tenían la insolencia de presumir de casi santas. De ellas se murmuraba, con más o menos fundamento, que habían tenido también fruto, y no de bendición, del cual se habían desprendido, o enviándole a la inclusa o sabe Dios o el diablo de qué otra manera.

El epíteto de Larga dado a Juanita no era solo por herencia, sino que era también por conquista.

Juanita, a los diecisiete años, había espigado tanto, que era la moza más alta y más esbelta que había en el lugar. Algo de la sangre belicosa del oficial de caballería se había infundido en ella, y la crianza libre y hombruna que había recibido, había desarrollado su agilidad y sus bríos. Cuando andaba tenía un aire marcial a par que gracioso; corría como un gamo; tiraba pedradas con tanto tino que mataba los gorriones, y de un brinco se plantaba sobre el lomo del mulo más resabiado o del potro más cerril. Y no a horcajadas, porque esto no lo consentían su decoro y su estética natural e inconsciente, sino sentada, lo cual es más difícil, hacía trotar y galopar a la bestia, espoleándola con los talones o azotándola con el extremo del ronzal o de la jáquima, cuando la tenía y no iba en pelo sin brida ni rienda de ninguna clase.

Los primeros años de la mocedad de Juanita habían sido algo dificultosos, porque su madre no había alcanzado aún la extraordinaria reputación de que después gozaba, ni tenía el bienestar y la riqueza de que ya hemos hablado.

Juanita no fue nunca a la miga, pero su madre le enseñó a coser y a bordar primorosamente; y el maestro de escuela, que le tomó mucho cariño, le enseñó a leer y a escribir gratis en sus ratos de ocio.

Desde que tuvo nueve años, Juanita fue de grande auxilio a su madre, que hasta mucho más tarde no se dio el lujo de tener una sirvienta.

Juanita barría y aljofifaba, fregaba los platos, enjalbegaba algunos cuartos y la fachada de la casa, que era la más blanca y la más limpia de la población, y hasta agarraba su cantarillo e iba por agua a la milagrosa fuente del ejido, cuyo caño vertía un chorro tan grueso como el brazo de un hombre robusto, siendo tal la abundancia del agua que con ella se regaban muchísimas huertas y se hacían frondosos, amenos y deleitables los alrededores de Villalegre, contribuyendo no poco a que la villa mereciese este nombre. El agua además era exquisita por su transparencia y pureza, como filtrada por entre rocas de los cercanos cerros, y tenía muy grato sabor y muy salubres condiciones. La gente del pueblo le atribuía, por último, algunas prodigiosas cualidades, calificándola de muy vinagrera y de muy triguera. Quería significar con esto que el arriero que compraba en Villalegre vinagre de yema, por lo común muy fuerte, llenaba solo dos tercios de la cavidad de la corambre, y la acababa de llenar por la mañanita temprano, antes de emprender su viaje, mitigando y suavizando con el agua de la fuente la fortaleza y acritud del líquido, y ganándose así desde luego un treinta y tres por ciento, aunque vendiese el vinagre al mismo precio en que le había comprado.

Era también triguera el agua de la fuente, porque sus raras cualidades consentían, aunque era difícil operación y que debía hacerse con gran sigilo, que, valiéndose de una escoba de palma enana, se rociase con ella el trigo que se iba a vender, dejándole expuesto luego al Sol para que se secase. Así el trigo recibía mejor sabor, y aunque por fuera quedaba seco, guardaba por dentro algo del líquido, y se esponjaba y crecía en peso y volumen.

Todavía esta fuente tenía otro mérito y prestaba otro notable servicio, porque, además de un gran pilar en que iban a beber y bebían todas las bestias de carga y de labor y los toros, vacas y bueyes, y además de otro pilar bajo, que solía ser abrevadero del ganado lanar y de cerda, llenaba con sus cristalinas ondas un espacioso albercón cercado de muros que le ocultaban a la vista de los transeúntes, donde iban las mujeres a lavar la ropa, remangadas las enaguas hasta los muslos y metidas en el agua hasta la rodilla, como por allí es uso, aun en el rigor del invierno. Frondosos y gigantescos álamos negros y pinos y mimbreras circundan la fuente y hacen aquel sitio umbrío y deleitoso. Al pie de los mejores árboles hay poyos hechos de piedra y de barro y cubiertos de losas, en los cuales suelen sentarse los caballeros y las señoras que salen de paseo. Casi todas las tardes se arma allí tertulia y grata conversación, siendo los más constantes el escribano, el boticario, nuestro don Paco y el señor cura quien, al toque de oraciones, recita el Angelus Domini, al que responden todos quitándose el sombrero y santiguándose y persignándose.

En torno del pilar charlan las mozas que vienen por agua, cada cual con su cantarillo, y suelen hacer el papel de Rebecas con cuantos arrieros Eliaceres acuden allí para que beban, si no sus camellos, sus mulas y sus borricos. También, al lado y dentro del albercón y a poca distancia de él, donde hay un vallado o seto vivo de zarzamoras, granados y madreselvas, que limita y defiende las huertas, y sobre el cual seto se pone a secar la ropa lavada, se extiende y dilata la tertulia democrática y popular con mucha charla, risotadas, jaleos y retozos, pues no faltan nunca zagalones y hasta hombres ya maduros que acuden por allí atraídos por las muchachas, como acuden los gorriones al trigo.

V

Juana la Larga, según queda indicado, gracias a su constante actividad, buen orden y economía, en todo lo cual su hija le ayudaba con inteligencia y celo, había mejorado de posición y de fortuna. Tenía una criada muy trabajadora, que barría y fregaba, y bajo la dirección de las señoras guisaba también, dejando a éstas el tiempo libre para ejercer sus lucrativos oficios. El oficio principal de Juanita era coser y bordar, para lo cual había desplegado aptitud superior a la de su madre.

Juanita no tenía que emplearse en más bajas ocupaciones. Sin embargo, ora fuese por candorosa coquetería, o sea por deseo de lucir la gallardía de su persona, deseo de que no se daba cuenta, ora porque Juanita necesitase del ejercicio corporal y de mostrar y desplegar la energía de su sana naturaleza, Juanita, aun cumplidos ya los diecisiete años, gustaba de ir por agua a la fuente del ejido, allanándose a veces, a pesar de la desahogada posición de su madre y de ella, a ir al albercón a lavar alguna ropa, cuando la ropa era fina y temía ella, o aparentaba temer, que manos más rudas que las suyas la estropeasen.

La verdad era que esto de ir al albercón y a la fuente, más que fatiga era recreo y solaz para Juanita, la cual divertía a las otras muchachas con sus agudos dichos y felices ocurrencias, las hacía reír a casquillo quitado y gozaba de popularidad y favor entre ellas.

Era ya Juanita una guapa moza en toda la extensión de la palabra. Las faenas caseras no habían estropeado sus lindas y bien torneadas manos, y ni el Sol ni el aire habían bronceado su tez trigueña. Su pelo negro, con reflejos azules estaba bien cuidado y limpio. No ponía en él ni aceite de almendras dulces ni blandurilla de ninguna clase, sino agua sola con alguna infusión de hierbas olorosas para lavarle mejor. Le llevaba recogido, muy alto, sobre el colodrillo, en trenza que, atada luego, formaba un moño en figura de dos triángulos equiláteros que se tocaban en uno de los vértices. Como Juanita decía que cabeza loca no quiere toca, casi siempre iba a la fuente sin pañuelo en la cabeza, luciendo así el primor y la pulcritud de su peinado y dejando ver lo bien plantada que estaba la cabeza sobre su airoso cuello, solo sombreado por algunos ricillos menudos, que se sustraían a la cautividad en que tenía el moño los más largos cabellos. Por delante, recogido el pelo, dejaba ver la tersa frente, recta y chiquita, y sobre las sienes tenía grandes rizos sostenidos con horquillas, que llaman por allí caracoles, por bajo de los cuales había una suave patillita, que no fijaba ella contra la cara con zaragatona o pepitas de membrillo, como hacen otras muchachas, sino que dejaba flotar libremente en vagas sortijillas o más bien alcayatas donde colgar corazones.

La misma libertad en que se había criado, y el constante ejercicio corporal, ya en útiles faenas, ya en juegos más de muchacho que de niña, habían hecho que Juanita, aunque no tenía la santa ignorancia, ni había vivido con el recogimiento que recomiendan y procuran otras madres celosas, no había pensado todavía en cosas de amor. Era buscada, requebrada y solicitada por no pocos mozos, pero, brava y arisca, sabía despedir huéspedes, imponer respeto y tener a raya a los más atrevidos.

Solo se le conocía una inclinación que, desde la niñez, persistía en ella con constancia; pero esta inclinación, al menos por su parte, más que de afecto amoroso, tenía trazas de fraternal cariño. Quien le inspiraba, compartiéndole sin duda por menos inocente estilo, era Antoñuelo, el hijo del maestro herrador, y sobrino del cacique, quien tenía en el lugar muy humilde parentela.

Antoñuelo era un mocetón gentil y robusto, muy simpático, aunque de cortos alcances, y decidido para todo, y singularmente para admirar a Juanita, a quien consideraba y respetaba, sometiendo a ella toda su voluntad, como por virtud de fascinación o de hechizos.

VI

Entregado don Paco a sus constantes y diversos quehaceres no solo no había pensado en casarse por segunda vez sino que nunca había tenido amoríos, o al menos, si algunos había tenido, habían sido con tan maravilloso recato, que nadie se había enterado de ellos en Villalegre, lo cual es una inverosimilitud extraordinaria, porque en aquel lugar apenas había persona, y menos aún si era de tanta importancia y viso como don Paco, que pudiera hacer o decir cosa alguna que no se supiese. Hasta los mismos pensamientos se adivinaban allí, se divulgaban y se comentaban, como el pensador no pensase con mucho disimulo y muy para dentro. Debemos, pues, creer que don Paco no había tenido amoríos, a no ser muy efímeros y livianos, y que ni siquiera, durante su larga viudez, había pensado en semejante cosa.

Tenía, sin embargo, notable aptitud y tino para conocer y admirar la belleza femenina, y hacía ya meses que, casi sin reparar en ello y muy involuntariamente, cuando estaba de tertulia con el escribano y el boticario y con otros señores, en los poyos que había junto a la fuente, sus ojos se fijaban con morosa deleitación en Juanita la Larga, que aún solía venir a llenar su cántaro y a estar allí de charla con las otras muchachas mientras que le llegaba su turno.

Indudablemente don Paco había empezado a sentir hacia Juanita viva inclinación, que era difícil de dominar; pero se le pasó bastante tiempo sin dar muestra exterior de que la sentía, anhelando acaso ocultársela a sí mismo por razones que él se daba.

Fundado en la propia modestia, que le hacía formar un pobre concepto de su persona, hallaba que con sus cincuenta y tres años, treinta y seis más que Juanita, no podía ya enamorar a la muchacha, la cual o desdeñaría su cariño o solo por interés se movería a corresponderle. Pensaba luego que Juanita, aunque en aparente libertad, estaba muy vigilada por su madre, y como madre e hija vivían con cierto desahogo, no era de presumir que, si él tuviese intenciones pecaminosas, ellas cediesen, sino que en todo caso cederían in facie Eclesiae y llevando al cura por delante.

La idea de casamiento aterrorizaba a don Paco, y no porque en absoluto le repugnase el estar casado, sino porque su hija, la señora doña Inés, le inspiraba un entrañable cariño, mezclado de terror, y porque ella era tan imperiosa como brava, y sin duda se pondría hecha una furia del Averno si su padre le diese madrastra, sobre todo de tan ruin posición, y si a los siete nietos que ella le había dado, y a los que calculaba que podrían venir todavía, persistiendo ella en su actividad productora, quitase él la esperanza de heredar el majuelo, el olivar y la casa, y de gozar, en vida suya, de no poco de lo que él fuese granjeando con sus variadas artes.

Temblaba don Paco de incurrir en el enojo de su hija, y aunque temblaba principalmente por el mismo enojo, no dejaba de recelar sus malas consecuencias.

Bien conocía él que no había en el lugar una persona ni varias juntas que pudieran reemplazarle con éxito en sus diferentes empleos; pero el mundo no estaba yermo ni falto de hombres de Estado rústicos, los cuales podrían buscarse y traerse de fuera del lugar para que a él le reemplazaran. Y bien conocían también que su hija era punto menos que omnipotente, porque tenía subyugadas ambas potestades, la temporal y la espiritual.

El padre Anselmo la tenía por una santa, y por una doctora, y cuanto ella decía era para él, sin poderlo remediar, un legítimo corolario de los Evangelios y de las Epístolas.

El padre Anselmo sería capaz de excomulgar a quien ella le mandase. Y en lo tocante al brazo secular, era evidentísimo que doña Inés le tenía sujeto a sus caprichos y que aplastaría con todo su peso a quien ella quisiese.

Don Paco, en esta disposición de ánimo, razonablemente motivada, aunque no hemos de negar que él era dulce, pacífico y algo débil de carácter, adelantaba en su imaginación los casos futuros, y presuponiéndose ya prendado de Juanita, declarado y aceptado, veía un tropel de males que salían del corazón enfurecido de doña Inés como de nueva caja de Pandora.

Pesaban tanto en su espíritu estas consideraciones, que, notando que su afición oculta iba creciendo, procuraba o más bien se proponía huir de la vista de Juanita, no pasar por su calle para no verla en el portal o asomada a la ventana; y no ir a la tertulia de los poyetes, bajo los álamos, para no tener que admirarla cuando charlaba con las demás zagalonas o con los mozos en la fuente del ejido, o cuando subía o bajaba gallardamente, con el cántaro apoyado en la cadera, por la cuestecilla que se extiende desde la fuente hasta el lugar.

A pesar de sus prudentes propósitos de retraimiento, una fuerza, al parecer superior a su voluntad, le llevaba a veces a pasar por delante de la casa de Juanita más de lo que era necesario; a ir a la iglesia cuando él sabía que iba ella, con su madre, a misa o a sus devociones; y a acudir a la tertulia de los poyetes casi todas las tardes.

Para Juanita, que se había pasado todo el día cosiendo y bordando en casa, era pretexto de solaz o de paseo el ir casi al anochecer a la fuente por agua. Su madre encontraba que, en la posición algo señoril, desahogada y decorosa en que ya imaginaba hallarse, y atendido el desenvolvimiento físico de Juanita, que había llegado a transformarse de muchachuela

en una magnífica y real moza, no estaba bien, y era darse poquísimo tono el ir por agua a la fuente como la más plebeya
y humilde pelafustana.

Pero a Juanita le divertía este ejercicio, y tenía una voluntad indómita. A las observaciones que su madre le hacía
daba oídos de mercader; acariciaba a su madre para vencer
su oposición y disipar su disgusto, y seguía yendo a la fuente
a pesar de todas las observaciones.

VII

Una tarde del mes de Mayo Juanita se entretuvo en la fuente en larga y alegre conversación con otras muchachas.

Ya anochecido, subía con su cántaro lleno por la cuesta, que en aquel momento estaba sola.

La tertulia de los poyetes solía, en primavera y en verano, durar hasta las ánimas, hora en que los tertulianos se retiraban para cenar y acostarse.

Aquel día don Paco había estado haciendo esfuerzos, o como si dijéramos, gimnasia con su voluntad para no ir a la tertulia y ver a Juanita. La lucha entre su voluntad razonable y su inclinación había durado bastante. Al fin, la voluntad sometida llevó, aunque tarde, a la tertulia de los poyetes a toda la persona de don Paco.

La pícara casualidad hizo que, al bajar don Paco, subiese Juanita, según hemos dicho.

Era ya de noche. El cielo estaba despejado, pero sin Luna. Las estrellas, si resplandecían en el éter infinito, vertían muy débil luz sobre la tierra. Acrecentaba la oscuridad, en el punto en que ambos se encontraron, algunos frondosos árboles que allí había y el alto vallado de zarzamoras y de otros arbustos que se extendía a un lado y a otro por casi todo el camino.

Juanita era muy distraída e iba además pensando en sus travesuras de muchacha. don Paco era también distraído. El mismo no sabía en qué estaba pensando. Era, además, algo corto de vista. Lo cierto es que no repararon uno en otro al venir en opuestas direcciones, ni oyeron el ruido de los pasos. Chocaron, pues, y se dieron un buen empellón.

—Caramba, hombre —dijo Juanita— mire usted por dónde va y no camine a ciegas; por poco me tira el cántaro.

Don Paco, que conoció a Juanita por la voz, contestó con mucha dulzura:

—¡Perdona, hija mía! ¿Te he hecho daño?

Ella, que también conoció a don Paco enseguida, replicó riendo:

—¿Qué daño me ha de haber hecho usted? Pues qué, ¿soy yo acaso de alfeñique?

—No, hija. Bien sólida y firme me pareces. Si en algo eres de alfeñique no es por lo quebradiza, sino por lo dulce.

—Entonces seré turrón de Alicante, dulce pero duro.

—Y vaya si me ha parecido duro.

—Si advirtió usted su dureza hablará solo de su dulzura por adivinanza.

—Pues qué, ¿no podría yo probarla?

—Ya está usted viejo, don Paco, y no podría meterle el diente.

—Pues te equivocas, que yo no estoy tan viejo, y tengo los dientes tan cabales y tan fuertes que, si se tratase de mordiscos, hasta en una piedra los daría. Pero yo no quiero emplear contigo sino más blandas y amorosas demostraciones.

—¡Ea, quite usted allá, Sr. don Paco! ¿Qué demostraciones ha de hacer usted, si puede ser mi abuelo?

Y como don Paco seguía plantado delante, atajándole el camino, Juanita continuó:

—Vamos, déjeme usted pasar. Si parece usted un espantajo. ¿Qué dirá la gente si le ve y le oye hablar aquí y requebrar en la oscuridad a una mocita? Capaz será de decir que ha perdido usted la chaveta y que ya no sirve para secretario del Ayuntamiento y consejero de don Andrés.

Don Paco se apartó entonces y dejó pasar a Juanita, pero en vez de dirigirse hacia la fuente, se volvió, siguiéndola, hacia el lugar.

—¿Qué hace usted, señor? ¿Por qué no va a su tertulia? Todavía están en los poyetes el señor cura, el boticario y el escribano. Váyase usted a hablar con ellos.

—Ya es tarde, pronto se volverán y desisto de ir hasta allí. Prefiero volverme charlando contigo.

—¿Y de qué hemos de charlar nosotros? Yo no sé decir sino tonterías. No he leído los libros y papeles que usted lee, y como no le hable de los guisos que mi madre hace o de mis bordados y costuras, no sé de qué hablar a su merced.

—Háblame de lo que hablas a Antoñuelo cuando estás con él de palique.

—Yo no sé lo que es palique, ni sé si estoy o no estoy a veces de palique con Antoñuelo. Lo que sé es que yo no puedo decir a su merced las cosas que a él le digo.

—¿Y qué le dices?

—Pues no quiere usted saber poco. Ni el padre Anselmo, que es mi confesor, pregunta tanto.

—Algo de muy interesante y misterioso tendrá lo que dices a Antoñuelo, cuando ni al padre Anselmo se lo confiesas.

—No se lo confieso porque no es pecado, que si fuera pecado se lo confesaría. Y no se lo cuento tampoco, porque a él no le importa nada, y a usted debe importarle menos que a él.

A todo esto, como iban a buen paso ambos interlocutores, habían ya subido la cuesta y se hallaban en el altozano, a la entrada del lugar, donde están la iglesia parroquial y las primeras casas.

—Déjeme su merced ahora —dijo Juanita—, y no venga, con perjuicio de su autoridad, acompañando a una chicuela que lleva un cántaro. ¡Pues no se enojaría poco la señora doña Inés, que tiene tantos humos, si viese a su señor padre sirviendo de escolta, no a una princesa como ella, sino a una pobrecita trabajadora!

—¿Qué había de decir? Diría que yo te estaba encomendando algún trabajo.

—No es esta hora ni ocasión para eso. Y por otra parte, no es a mí, sino a mi madre, a quien los trabajos se encargan. Acuda usted a ella si algo quiere encargar.

Y diciendo esto, apresuró el paso, hizo a don Paco un gesto imperativo, marcándole la calle por donde debía irse, y ella se fue por otra que formaba ángulo recto con la que don Paco debía seguir.

VIII

Mucho caviló don Paco sobre aquel diálogo, midiendo e interpretando las palabras de Juanita.

Le había llamado abuelo pero con amable risa. Todos los hombres, abuelos y nietos, solemos prometérnoslas felices y casi siempre nos inclinamos a dar la más favorable interpretación a cuanto dicen las mujeres que pretendemos.

No se podía dudar, por ser cuestión de una ciencia tan exacta como la aritmética, que él hubiera podido ser el abuelo de Juanita. don Paco hacía este cálculo.

Yo tengo cincuenta y tres años. De diecisiete a cincuenta y tres van treinta y seis; a los diecinueve años bien pude yo haber tenido una hija, y esta hija bien pudo haberse casado y tener a Juanita a los diecisiete.

Después sumaba don Paco:

—Diecinueve más diecisiete, más otros diecisiete que tiene Juanita ahora, son cincuenta y tres, que es mi edad: luego, muy descansadamente, pudiera yo ser el abuelo de esa pícara muchacha.

E pur si muove —proseguía, pues era hombre erudito hasta cierto punto, sabía un poco de italiano, porque había oído cantar muchas óperas, y conocía las palabras que se atribuyen a Galileo, así como varias otras sentencias expresadas en la lengua del Dante, verbi gracia: *Chi va piano, va sano, e va lontano*.

La primera sentencia aplicada a su situación quería significar que él, a pesar de poder ser el abuelo de Juanita, quería y podía ser otra cosa muy diferente; y la segunda sentencia, que también recordaba don Paco, quería significar que él debía ir con tiento, con pies de plomo y sin precipitarse, porque no se ganó Zamora en una hora, y porque la muchacha no era muy arisca en el fondo, ni probablemente tan firme y dura de entrañas como, merced al encontrón que había tenido con ella, le constaba que era firme y dura en su juvenil superficie. Además, las esperanzas, lejos de desvanecerse, crecían en su pecho, hallándose más inverosímil abuelo que inverosímil amante. Para corroborar esta lisonjera afirmación, se contemplaba don Paco en el espejo en que solía afeitarse, el cual, aunque era pequeño, no lo era tanto que no reflejase casi toda su persona. Él exclamaba al verla, como el pastor Coridón de Virgilio o como el Marramaquiz de Lope:

¡Pues no soy yo tan feo!

Y verdaderamente, no era feo don Paco, ni parecía viejo tampoco.

A las últimas palabras de Juanita dio don Paco una interpretación lisonjera, pero acaso más comprometida de lo que él deseaba.

Al indicarle la muchacha que hablase con su madre y que le encargase la obra de costura que ella debía hacer, ¿no estaba claro que Juanita se mostraba propicia a entrar en cierto género de relaciones, aunque no a hurto, sino a sabiendas y con beneplácito de la autoridad materna?

Como quiera que fuese, don Paco, sintiéndose prendado de Juanita, se allanaba a pasar por todo; pero se propuso, como hombre prudente, no aventurarse más de lo necesario y no soltar prenda por lo pronto.

A que él entrase en relaciones serias con Juanita y conducentes a la buena fin, se oponían dos consideraciones: era la primera la excesiva, sospechosa e íntima familiaridad que tenía Juanita con Antoñuelo, el hijo del herrador; y era la segunda la casi seguridad del furioso enojo de doña Inés cuando llegase a saber que él tenía un compromiso serio con

Juanita. Doña Inés inspiraba a su padre terror pánico y siempre trataba de huir de su enojo como de una espada desnuda. Su decidida afición a la muchacha saltaba, no obstante, por cima de los obstáculos, como un corcel generoso salta la valla que se le ha puesto para atajar su carrera.

En resolución, combatido don Paco por harto contrarios sentimientos, aunque se propuso no desistir de la empresa que había formado de manera muy vaga, se propuso también proceder con la mayor cautela y ser lo más ladino que pudiese, aunque en estos negocios no le sucedía como en los negocios del municipio, y el ser ladino no era su fuerte.

Así discurriendo, pasó don Paco revista a su ropa blanca. Vio que solo tenía media docena de camisas bastante estropeadas y con muchos zurcidos. Y como esto era muy poco para él, persona de extremado aseo, que ¡cosa rara en un pequeño lugar! se ponía ropa limpia tres veces a la semana, decidió que estaba justificadísimo el mandar que le hicieran media docena de camisas nuevas, que le hacían muchísima falta. ¿Y quién había de hacerlas mejor que Juanita, que era la costurera más hábil de Villalegre? ¿Y quién había de cortarlas mejor que su madre, la cual, lo mismo que con el mango de la sartén en la izquierda y la paleta en la diestra, era una mujer inspirada con las tijeras en la mano y con cualquiera tela extendida sobre la mesa y marcada ya artísticamente con lápiz o con jaboncillo de sastre?

Al día siguiente, decidido ya don Paco, acudió muy de mañana a casa de Juana la Larga y le mandó hacer seis hermosas camisas de madapolán con puños y pecheras de hilo, ajustándolas a treinta reales cada una. Para ganarse la voluntad y excitar el celo de ambas Juanas, les llevó don Paco, envuelto en un pañuelo, y sin que los profanos viesen lo que llevaba, un cestillo lleno de fresas, fruta muy rara en el lugar;

y para mayor esplendidez, sacó además del bolsillo del holga-
do chaquetón que solía vestir de diario, nada menos que tres
bollos del exquisito chocolate, que solía hacer doña Inés en
su casa, y del cual había regalado a su padre una docena de
bollos de a cuatro onzas cada uno.

Juana la Larga, que era muy golosa y muy aficionada a que
la obsequiasen, aceptó el presente con gratitud y complacen-
cia, pero como no era larga solamente de cuerpo, sino que lo
era también de previsión, y si vale decirlo así, de olfato men-
tal, al punto olió y caló las intenciones que don Paco traía y
sobre las cuales había ya sospechado algo.

IX

Reza el refrán que honra y provecho no caben en un saco; pero Juana la Larga, sobre ser honrada, rayando su honradez en austeridad para que se borrase la mala impresión de sus deslices juveniles, era además una matrona llena de discreción y de juicio, y sabía que el mencionado refrán se equivoca muy a menudo. Para ella, en el caso que se le acababa de presentar, en vez de no caber en un saco, el provecho no podía ser sin la honra y la honra tenía que producir naturalmente el provecho.

Si Juanita se dejaba camelar a tontas y a locas, se exponía a dar al traste con su reputación y a ser el blanco de las más feroces murmuraciones y a perder para siempre la esperanza de hallar un buen marido. Y todo ello por unas cuantas chucherías y regalillos de mala muerte. Mientras que si Juanita acertaba a ser rígida sin disgustar y ahuyentar al pretendiente, pero sin otorgarle tampoco el menor favor de importancia antes de que el cura diese en la iglesia el pasaporte para los favores, convirtiéndolos en actos de deber y cargas de justicia, harto posible era que don Paco se emberrenchinase hasta tal punto, que entrase por el aro rompiendo todo el tejido de dificultades que al aro pusiesen doña Inés y otras personas, y elevando a Juanita a ser legítimamente la señora del personaje más importante del lugar después de don Andrés Rubio, el cacique.

Con tales pensamientos en la mente, a par que con notable destreza y desarrollando la cinta que estaba enrollada en una carretilla, tomó Juana a don Paco las medidas convenientes. Estuvo con él más dulce que una arropía, y, aunque le dijo que no tenía que venir a su casa para probarse la primera camisa, porque cuando estuviese medio hecha o hilvanada se la enviaría para la prueba, le convidó a que algunas noches, de nueve a once, cuando no tuviese nada mejor que hacer, viniese, si quería, un rato de tertulia a su casa, porque ni ella ni Juanita gustaban de acostarse temprano, y aunque estaban casi siempre solas, velaban hasta las doce. Juanita cosía o bordaba; pero como esto se hace con las manos, su lengua quedaba expedita y charlaba más que una cotorra.

—Yo —añadía Juana la Larga— no coso ni bordo de noche porque tengo perdida la vista, y así es que estoy mano sobre mano o paso las cuentas de mi rosario y rezo. Si alguna vez está usted de humor, podemos echar juntos cuatro o cinco manos de tute, que yo sé que a usted le agrada. A mí me agrada también, pero mi mala suerte y mis cortos medios no me permiten jugarle más que a real cada juego. Y aun así si le da a una muy mal, bien puede perder veinte o treinta reales en una noche, como quien no quiere la cosa.

Ya se comprende que don Paco aceptó el convite y fue de tertulia a casa de Juana: al principio de vez en cuando; al cabo de poco tiempo, todas las noches. Casi siempre jugaba al tute y perdía. Sus pérdidas podían evaluarse, una noche con otra, en una peseta diaria. Todo, no obstante, lo daba don Paco por bien empleado.

Las camisas estuvieron pronto concluidas y don Paco quedó muy satisfecho. En la vida se había puesto otras que mejor le sentasen.

No las hubiera hecho más lindas el camisero más acreditado de París. Las lustrosas pecheras no hacían una arruga; los cuellos eran derechos, a la diplomática, y los puños muy bonitos y para los botones que en el día se estilan. Juana le regaló, en compensación de los muchos regalos que de él recibía, un par de botones preciosos de plata sobredorada que mercó en la tienda del Murciano, tienda bien abastecida, y donde, según dicen por allí, había de cuanto Dios crió y de cuanto puede imaginar, forjar, tejer y confeccionar la industria humana: naipes, fósforos, telas de seda, lana y algodón, especiería, quesos, garbanzos y habichuelas, ajonjolí, matalaúva y otras semillas. Casi eran los únicos artículos que allí faltaban las carnes de vaca y de carnero y toda la pasmosa variedad de sabrosos productos que resultan de la matanza y sacrificio de los cerdos.

Ya estuviesen hablando don Paco y Juana, ya estuviesen jugando al tute, Juanita rara vez suspendía su costura o su bordado; pero, sin suspenderlos, solía tomar parte en la conversación del modo más agradable. Nadie venía a interrumpir esta tertulia de los tres, salvo Antoñuelo, que escamaba mucho a don Paco y le llenaba de sobresalto y mal humor.

Crecía éste de punto, porque, mientras que don Paco estaba jugando al tute y Juana le acusaba las cuarenta, Antoñuelo se sentaba muy cerca de Juanita, en el otro extremo de la sala donde ella cosía, y ambos cuchicheaban con mucha animación y en voz tan baja, que don Paco no podía pescar ni palabra de lo que decían. Con esto se ponía como sobre ascuas y muy alborotado y triste, sin que para ocultarlo le valiese el disimulo. Entonces don Paco jugaba peor: solía tener rey y caballo del mismo palo y se le olvidaba acusar veinte, o bien, si Juana le jugaba un oro y él tenía el as o el tres, se le guardaba y no le echaba. Así es que las noches en que venía Antoñuelo a la tertulia, sobre la desazón que daba a don Paco, le hacía perder un par de pesetas y hasta tres a veces.

Viniese a no viniese Antoñuelo a la tertulia, Juana la Larga estaba siempre presente. Don Paco no hallaba modo de hablar a solas con Juanita, ni de abandonar a la madre e imitar a Antoñuelo, enredándose en cuchicheos con la hija.

Alguna vez que lo intentó, hablando bajo a Juanita, ésta le contestó alto, haciendo la conversación general y despojándola de todo misterio.

Bien hubiera querido don Paco, cuando Antoñuelo venía, rodear las cosas de suerte que le obligase a entretener a la madre, hablando o jugando al tute con ella; pero Antoñuelo aseguraba que no sabía jugar al tute y daba a entender que nada tenía que decir a Juana.

Con frecuencia salía don Paco tan cargado de esta tertulia que se proponía y casi resolvía no volver a ella o al menos ir poco a poco retirándose. Pero ya había tomado la maldita costumbre de ir, y todas las noches, si lo retardaba algo, empezaban al toque de ánimas a hormiguearle y bullirle los pies, y ellos mismos, pronunciándose y rebelándose contra su voluntad, le llevaban a escape y como por encanto en casa de ambas Juanas.

X

Pronto notaron todos los vecinos, cundiendo la noticia por el resto de la población, las constantes visitas nocturnas de don Paco; pero como Antoñuelo solía ir también, y entre don Paco y Juanita había tan grande desproporción de edad, la gente murmuradora lo explicó todo suponiendo que Antoñuelo era novio de Juanita y que don Paco tenía o trataba de tener relaciones amorosas con la madre, la cual, a pesar de sus cuarenta y cinco años y de los muchos trabajos y disgustos que había pasado en esta vida, apenas tenía canas, y estaba ágil, esbelta, y aunque de pocas, de bien puestas, frescas, apretadas y al parecer jugosas carnes.

La austeridad esquiva de Juana la Larga, durante muchos años, desde que tuvo su juvenil tropiezo, no pudo en esta ocasión eximirla de la maledicencia. La gente decía que al fin se había dejado tentar y lo daba todo por hecho. Cuando veía la gente que Antoñuelo y don Paco iban a las nueve a la casa y permanecían allí hasta cerca de las doce, no juzgaba aquella tertulia tan inocente como era en realidad y la calificaba de amor por partida doble.

Las bromas que sobre ello dieron a don Paco algunos de sus amigos le soliviantaron bastante. Así es que, excitado, si bien no tenía derecho para pedir explicaciones, con más o menos disimulados rodeos, y cuando Antoñuelo no estaba presente, se atrevió a pedirlas y a indagar por qué venía Antoñuelo con tanta frecuencia y de qué trataba con Juanita en sus largos apartes y cuchicheos.

Ambas Juanas, sin alterarse en lo más mínimo y como la cosa más natural y sencilla, lo explicaban todo, afirmando que Juanita y Antoñuelo eran exactamente de la misma edad, se habían criado juntos desde que estaban en pañales y podían considerarse como hermanos.

Añadían ambas que Antoñuelo era travieso, y muy tronera, que daba a su padre grandes desazones, que de él podían temerse mayores males aún, y que a Juanita ni remotamente le convenía para novio, pero que ella no acertaba a prescindir del cariño fraternal que le tenía, ni a prohibirle que viniese a verla, ni a dejar de darle buenos consejos y amonestaciones, los cuales eran el asunto de los cuchicheos.

Don Paco aparentaba aquietarse al oír tal explicación, pero en realidad no se aquietaba; y mostrando el verdadero interés que el buen nombre de Juanita le inspiraba, insinuaba que, aunque todo fuese moral e inocentísimo, convenía, a fin de evitar el qué dirán, no recibir a Antoñuelo con tanta frecuencia.

Los sermones que predicaba don Paco, más que morales, conducentes a conservar el decoro de Juanita, no se puede decir que fueron predicados en desierto. Poco a poco dejaron de menudear las visitas de Antoñuelo; sus cuchicheos con Juanita se acortaron, y al fin cuchicheos y visitas vinieron a ser raros.

Esto dio ánimo a don Paco. Creyó notar que se prestaba dócil oído a sus cariñosas reprimendas, y se atrevió a predicar también sobre otro punto.

En extremo gustaba él de ver a Juanita charlar en la fuente o subir la cuesta com el cantarillo en la cadera o con la ropa ya lavada sobra la gentil cabeza, más airosa y gallarda que una ninfa del verde bosque, y más majestuosa que la propia princesa Nausicaá, que también lavaba la ropa cuando; sin desconcharse ni echar las ínfulas por el suelo, solían hacerlo las princesas, allá en los siglos de oro.

Don Paco, que tenía, según hemos apuntado ya, entendimiento, de amor y de hermosura, se quedaba extasiado contemplando el andar de la moza, que no tenía el liviano, provocativo y sucio movimiento de caderas, y los pasitos menudos que suelen tener las chulas, sino que era un andar sereno, a grandes pasos, noble y lleno de gracia, como sin duda debía de andar Diana Cazadora, o la misma Venus, al revelarse al hijo de Anquises en las selvas que rodeaban a Cartago.

En Villalegre se gastaban corsés y hasta era Juana la Larga quien mejor los hacía; pero la indómita Juanita nunca quiso meterse en semejante apretura ni llevar aquel cilicio que para nada necesitaba ella y que entendía que hubiera desfigurado su cuerpo. Solo llevaba, entre el ligero vestido de percal y sobre la camisa y enaguas blancas, un justillo o corpiño, sin hierros ni ballenas; zona que bastaba a ceñir la estrecha y virginal cintura, dejando libre lo demás, que derecho y firme no había menester de sostén ni apoyo.

En el espíritu de don Paco pudo, sin embargo, más que el deleite de ver a Juanita en la fuente o volviendo del albercón, la idea de que, estando ya muy remotos los siglos de oro, no era posible imitar a la princesa Nausicaá sin rebajarse o avillanarse demasiado; y así, aconsejó y amonestó tantas veces y con tan discretas razones a Juanita para que no fuese a la fuente, apoyándole siempre la madre de ella, que Juanita cedió al cabo y dejó de ir a la fuente y al albercón, retrayéndose además de otros varios ejercicios y faenas que no son propios de una señorita.

XI

Doña Inés López de Roldán distaba mucho de ser una luga-
reña vulgar y adocenada. Era, por el contrario, distinguidí-
sima; y, en su tanto los méritos mirados, o sea guardando la
debida proporción, pudiéramos calificarla de una princesa
de Lieven o de una madame Récamier aldeana. Su vida no
pasaba ociosa sino empleada en obras casi siempre buenas y
en fructuosos afanes. Su caridad para con los pobres era muy
elogiada, ayudándola en este ejercicio el señor cura y el Sr.
don Andrés Rubio. No descuidaba ella por eso el gobierno de
su casa, que estaba saltando de limpia, y todo muy en orden,
a pesar de los siete chiquillos que tenía, el mayor de ocho
años; pero como la casa era muy grande, a los cinco mayores, entregados a una mujer ya anciana y de toda confianza,
los tenía en el extremo opuesto de aquel en que estaba ella,
a fin de que no turbasen con sus chillidos y gritería, ya sus
solitarias meditaciones, ya sus lecturas, ya sus interesantes
coloquios con el padre Anselmo, con el cacique o con alguna
otra persona de fuste que viniese a visitarla.

A las nueve de la noche en verano y a las ocho o antes en
invierno, mandaba acostar a los niños, y desde entonces hasta las once y a veces hasta más tarde, tenía tertulia, en la cual
se discreteaba, y a la cual rara vez asistía el señor Roldán,
que no presumía ni podía presumir de discreto, y a quien las
discreciones de su mujer pasmaban y enorgullecían, pero al
mismo tiempo le excitaban al sueño.

En las horas que le dejaban libres los afanes y cuidados de
la casa y aun de la administración de la hacienda, de la que
suavemente había despojado a su marido, por no conside-
rarle capaz, doña Inés solía ocuparse en lecturas que ador-
naban y levantaban su espíritu. Rara vez perdía su tiempo

en leer novelas, condenándolas por insípidas o inmorales y libidinosas. De la poesía no era muy partidaria tampoco, y sin plagiar a Platón, porque no sabía que Platón lo hubiese preceptuado, desterraba de su casa y familia a casi todos los poetas, como corruptores de las buenas costumbres y enemigos de la verdadera religión y de la paz que debe reinar en las bien concertadas repúblicas; pero en cambio doña Inés leía historia de España y de otros países, y sobre todo muchos libros de devoción. El cura la admiraba tanto, al oírla hablar de teología, que mentalmente adornaba sus espaldas con la muceta y su cabeza con el bonete y la borla.

Era tan grande la actividad de doña Inés, que a pesar de tan varias ocupaciones, aún le quedaba tiempo para satisfacer su anhelo de enterarse a fondo de la historia contemporánea y local, que tenía para ella más atractivos que la historia universal o de épocas y países remotos.

Para conocer bien esta historia contemporánea y local y ejercer sobre los hechos la más severa crítica, se valía doña Inés de diferentes medios, siendo el más importante una criada antigua, que hacía recados, que entraba y salía por todas partes y que se llamaba Crispina, émula en su favor y privanza de Serafina, la doncella.

Gracias a Crispina, estaba al corriente doña Inés de los noviazgos que había en el pueblo, de las pendencias y de los amores, de las amistades y enemistades, de lo que se gastaba en vestir en cada casa, de lo que éste debía y de lo que aquél había dado a premio, y hasta de lo que comía o gastaba en comer cada familia. A los que comían bien, doña Inés los censuraba por su glotonería y despilfarro, y a los que comían poco y mal, los calificaba de miserables, de hambrones y de pereciendos.

No tardó, por consiguiente, doña Inés en tener noticia de las aficiones de su padre y de sus visitas o tertulia en casa de ambas Juanas. Muchísimo la molestó esta grosera bellaquería, que tan duramente la apellidaba; pero disimuló y se reportó durante muchos días, sin decir nada a su padre. Doña Inés estaba muy adelantada en sus concebidas esperanzas de octavo vástago, y en tan delicada situación se cuidaba mucho y procuraba no alterarse por ningún motivo, para que las dichas esperanzas no se frustraran o se torcieran ruinmente, realizándose de un modo prematuro, con deterioro y quebranto de su salud. Pero aunque doña Inés no dijo por lo pronto, nada a don Paco, se la tenía guardada, y seguía observando y averiguando por medio de Crispina, en la creencia de que era a Juana y no a Juanita a quien su padre pretendía o cortejaba.

Esta creencia mitigaba no poco el disgusto de doña Inés, porque no podía entrar en su cabeza que su padre intentase jamás, contraer segundas nupcias con Juana la Larga. Así es que lo que censuraba en éste muy ásperamente era la inmoralidad y el escándalo de unas relaciones amorosas contraídas por hombre que tenía más de medio siglo y que iba a ser pronto por octava vez abuelo. La enojaba también la condición harto plebeya del objeto de los amores de su padre, los cuales, si no dignos de aplauso, le hubieran parecido dignos de disculpa a haber sido con alguna hidalga recatada y de su posición, como había dos o tres en el lugar, que, según pensaba doña Inés, hubieran visto el cielo abierto, y aun se le hubieran abierto a don Paco, si él hubiera llamado a la puerta de ellas pidiendo entrada. No se cansaba, pues, doña Inés de censurar las ruines inclinaciones de su padre. Le dolía asimismo que su padre gastase tanto en obsequiar a Juana la

Larga, suponiendo, según las noticias que le trajo Crispina, que gastaba mucho más de lo que gastaba.

—¿Conque juega al tute con ella?

—Sí, señora —contestaba Crispina—. Y ya por echarla de fino, ya porque está embobado y embelesado mirando a Juana con ojos de carnero a medio morir y sin atender al juego, lo cierto es que Juana le pela, ganándole diez o doce reales cada noche. Además los regalos de don Paco llueven sin descampar sobre aquella casa; ya envía un pavo, ya una docena de morcillas, ya fruta, ya parte del chocolate que le regala su merced, hecho por el hombre que viene expresamente desde Córdoba a hacerle en esta casa.

Lo de que don Paco hubiese regalado también parte de su chocolate irritó ferozmente a doña Inés: lo consideró una verdadera profanación y casi le hizo perder los estribos; pero al fin pensó en la situación en que se encontraba, ya fuera de cuenta, y logró reportarse. Su moderación y sus cuidados no fueron inútiles.

El 29 de junio, día de San Pedro apóstol, sintió doña Inés desde muy de mañana los primeros dolores, y con gran facilidad y felicidad dio a luz en aquel mismo día, a un hermoso niño. La madre y el Sr. Roldán decidieron que había de llamarse Pedro, en honor del príncipe de los apóstoles en cuyo día había nacido y del que eran muy devotos. El Sr. don Andrés Rubio prometió tener al infante en sus brazos en la pila bautismal. Y como el infante fuese robustísimo, y el médico asegurase que no corría peligro su vida, retardaron su bautismo hasta mediados del mes de Julio, así porque ya estaría levantada la señora doña Inés y podría asistir a las fiestas que se hiciesen, como porque para entonces se realizaría la anunciada visita del señor obispo, el cual, a más de confirmar a todos los muchachos que no lo estuviesen, les haría la honra de bautizar al futuro Periquito.

El obispo sería hospedado en casa de los señores de Roldán los tres o cuatro días que estuviese en Villalegre. Doña Inés, por lo tanto, pensando en los preparativos y en todos los medios que había de emplear para hacer con lucimiento recepción tan honrosa, perseveró en refrenar su ira contra Juana la Larga, a quien imaginaba seductora de su padre. Y disimulando el odio que le había tomado, no quiso dejar de valerse de ella en ocasión de tanto empeño.

Ya la había llamado el día del alumbramiento, porque bien sabía por experiencia que no había, en el mundo conocido, más hábil comadre que Juana.

Y como tampoco había por allí mujer más dispuesta para preparar y dirigir los festines, con tiempo comprometió a Juana a fin de que, desde dos días antes de la llegada del obispo, se viniese a su casa, sin volver a la casa propia sino para dormir, y lo preparase y dirigiese todo. Juana prometió hacerlo así y lo cumplió muy gustosa.

XII

La víspera de la llegada del obispo, que fue el 15 de Julio, víspera también de la Virgen del Carmen, Juana había trabajado ya mucho, sudando el quilo para condimentar los manjares y las golosinas, y hasta para disponer el aparato y la magnificencia que habían de desplegarse en la recepción y en el hospedaje de su señoría ilustrísima, y en el refresco y ambigú que había de darse en aquella casa a todo lo más granado e ilustre de la villa, después de terminadas las cristianas ceremonias de la confirmación y del bautismo. En ellas, doña Inés iba a dar al señor obispo más trabajo que nadie, pues tenía siete chiquillos no confirmados aún, y uno todavía moro, como apellidan en Andalucía a todo ser humano antes de recibir el agua sacramental que le trae al gremio de la Iglesia.

La noche del 15 de julio hacía muchísimo calor. A eso de las nueve, don Paco, según costumbre, se fue de tertulia a casa de Juana la Larga; pero Juana seguía trabajando aún en la de los señores de Roldán, y Juanita estaba sola con la criada, tomando el fresco en la reja de su sala baja.

La vio don Paco, y llegó a hablarle antes de dirigirse a la puerta. Juanita, después de los saludos de costumbre, dijo a don Paco, que pretendía que le abriese:

—Mi madre no ha vuelto aún. No sé cuándo volverá. Estando yo sola no me atrevo a abrir a usted la puerta y a dejarle entrar. La gente murmura ya contra nosotros, y murmuraría mil veces más si yo tal cosa hiciera. Váyase usted, pues, y perdóneme que no le reciba.

Ninguna objeción acertó a poner don Paco, convencido de lo puesta en razón que estaba Juanita. Solamente le dijo:

—Ya que no me recibes, no te vayas de la reja y habla conmigo un rato. Aunque la gente nos vea, ¿qué podrán decir?

—Podrán decir que usted no viene a rezar el rosario conmigo: podrán creer que yo interesadamente alboroto a usted y le levanto de cascos; y podrán censurar que pudiendo ser yo nietecita de usted tire a ser su novia y tal vez su amiga. Con esta suposición me sacarán todos el pellejo a túrdigas; y si llega a oídos de su hija de usted, mi señora doña Inés López de Roldán y otras hierbas, que usted y yo estamos aquí pelando la pava, será capaz de venir, aunque se halla delicada y convaleciente, y nos pelará o nos desollará a ambos, ya que no envíe por aquí al señor cura acompañado del monaguillo, con el caldero y el hisopo del agua bendita, no para que nos case, sino para que nos rocíe y refresque con ella, sacándonos los demonios del cuerpo.

—Vamos, Juanita, no seas mala ni digas disparates. No es tan fiero el león como le pintan. Y si tú gustases un poquito de mí, y mi conversación te divirtiese en vez de fastidiarte, no tendrías tanto miedo de la maledicencia, ni de los furores de mi hija, ni de los exorcismos del cura.

—¿Y de dónde saca usted que no guste de tener con usted un rato de palique? Pocas cosas encuentro yo más divertidas que la conversación de usted, y además siempre aprendo algo y gano oyéndole hablar. Yo soy ignorante, casi cerril; pero, si el amor propio no me engaña, me parece que no soy tonta. Comprendo, pues, y aprecio el agrado y el valor que tienen sus palabras.

—Entonces ¿cómo es que no me quieres?

—Entendámonos. ¿De qué suerte de quereres se trata?

—De amor.

—Ya esa es harina de otro costal. Si el amor es como el que tiene el padre Anselmo a su breviario, como el que tiene doña Inés a sus libros devotos, o como el que tiene usted a las leyes o a los reglamentos que estudia, mi amor es evidente, y yo le quiero a usted como ustedes quieren a esos libros. No menos que ustedes se deleitan en leerlos me deleito yo en oír a usted cuando habla.

—Pero, traidora Juanita, tú me lisonjeas y me matas a la vez. Yo no quiero instruirte, sino enamorarte. No aspiro a ser tu libro, sino tu novio.

—Jesús, María y José. ¿Está usted loco, don Paco? ¿En qué vendría a parar, qué fin que no fuera desastroso podría tener ese noviazgo? ¿No le tiemblan a usted las carnes al figurarse la estrepitosa cencerrada que nos darían si nos casáramos? Y si el noviazgo no terminase en casamiento, ¿dónde iría yo a ocultar mi vergüenza, arrojada de este pueblo por seductora de señores ancianos?

Lo de la ancianidad, tantas veces repetido, ofendió mucho a don Paco en aquella ocasión, y muy picado, y con tono desabrido, exclamó haciendo demostración de retirarse:

—Veo que presientes graves peligros. No quiero que te expongas a ellos por mi culpa. Adiós Juanita.

—Deténgase usted, don Paco: no se vaya usted enojado contra mí. ¿No conoce usted muy a las claras que yo le quiero de corazón y que mi mayor placer es verle y hablarle? Como soy franca y leal, procuro no retener a usted con esperanzas vanas. Mucho me pesaría de que usted me acusase un día de que yo le engañaba. Por esto digo a usted que de amor no le quiero y me parece que no le querré nunca. Pero lo que es por la amistad, debe usted contar conmigo hasta la pared de enfrente. ¿Por qué no se contenta usted con esta amistad? ¿Por qué me pide usted lo que no puedo ni debo darle? No sería flojo el alboroto que se armaría en el pueblo si usted y yo fuésemos novios y si el noviazgo se supiese.

Don Paco se atrevió a decir entonces en mala hora y con poco acierto:

—¿Pues qué necesidad hay de que nuestro noviazgo se sepa?

—Y usted ¿por quién me toma para insinuar ese sigilo, dado que sea posible? Solo se oculta lo poco decente, y por lo tanto, yo no he de ocultar nada aunque pueda. Si me decidiese yo a ser novia de usted sería por considerarlo bueno y honrado, y en vez de ocultarlo como fea mancha, lo pregonaría y lo dejaría ver a todos con más orgullo que si enseñase una joya, jactándome de ello, en vez de andar con tapujos. Ya sabe usted mi modo de pensar. Nada más tenemos que decirnos. Ahora, lo repito, váyase usted y déjeme tranquila. Malo es siempre dar que hablar, pero dar que hablar sin motivo es malo y tonto.

Don Paco depuso el enojo, no acertó a responder a Juanita con ninguna frase concertada y se fue, despidiéndose de ella, resignado y triste.

XIII

Pasaron días y vino el obispo, como se esperaba.

Su señoría ilustrísima bautizó a los niños moros que aguardaban su venida como los padres del Limbo el santo advenimiento, y confirmó a los no confirmados, que se contaban a centenares, entre ellos no pocos harto talludos.

Doña Inés se lució dando hospedaje al señor obispo, y éste se fue del lugar muy maravillado y gozoso de la magnificencia y primor con que allí se vivía.

Libre ya doña Inés de tanta extraordinaria faena, se consagró con mayor atención al estudio de la historia contemporánea, y al cabo, auxiliada por los datos que le suministraba Crispina y valiéndose de su rara sagacidad, vino a comprender que no era a la madre, sino a la hija, a quien cortejaba don Paco. Su furor fue entonces muy grande, pero por lo mismo se calló aún y no atormentó a su padre con insinuaciones ni con bromas. El asunto no se prestaba a bromas ni a medios términos. La ira de doña Inés había de estallar y de manifestarse de una manera más seria, cuando estuviese completamente convencida de la locura de su padre, pues de tal la calificaba.

Don Paco, entre tanto, si bien daba ya menos pretexto a la murmuración, se sentía más enamorado que nunca de Juanita. Pensaba en sus dulces desdenes, recapacitaba sobre ellos, hacía doloroso examen de conciencia y miraba y cataba la herida de su corazón, como un enfermo contempla con amargo deleite la llaga o el cáncer que le lastima y en el que prevé la causa de su muerte.

Toda la vida había sido don Paco el hombre más positivo y menos romántico que puede imaginarse. Aquel imprevisto sentimentalismo que se le había metido en las entrañas y se las abrasaba, le parecía tan ridículo, que, a par que le afectaba dolorosamente, le hacía reír, cuando estaba a solas, con risa descompuesta y que solía terminar en algo a modo de ataque de nervios.

Don Paco dejó, pues, de ir todas las noches en casa de ambas Juanas; ya no veía a Juanita en la fuente y sola, porque él mismo había predicado para que no fuese, y sin embargo, no acertaba a sustraerse a la obsesión que Juanita le causaba de continuo, presente siempre a los perspicaces ojos de su espíritu, así en la vigilia como en el sueño.

Por dicha, no le atormentaban los celos. Juanita zapeaba, donosa o duramente, a cuantos mozos la pretendían, y lo que es Antoñuelo iba ya con menos frecuencia a casa de Juanita. Según en el lugar se sonaba, andaba él muy extraviado frecuentando las tabernas en harto malas compañías, y pasando muchas noches en francachelas y jaranas. Villalegre no era el único teatro de sus proezas sino que, a pesar de las amonestaciones y reprensiones de su padre, a menudo muy duras, se solía ir de parranda al campo o a algunos lugares cercanos, y en dos o tres días no parecía por su casa.

Don Paco no tenía, pues, rivales. Parecía completamente dueño del campo; pero el campo estaba tan bien atrincherado, que don Paco no lograba entrar en él y se quedaba fuera como los otros.

No desistió por eso de ir por la noche en casa de ambas Juanas, aunque no de diario.

Como de costumbre, jugaba al tute con la madre; como de costumbre, hablaba con Juanita en conversación general y Juanita hablaba igualmente y le oía muy atenta, manifestándose finísima amiga suya y hasta su admiradora; pero como de costumbre, también, las miradas ardientes y los mal reprimidos suspiros de don Paco o pasaban sin ser notados y eran machacar en hierro frío, o hacían un efecto muy contrario al que don Paco deseaba, poniendo a Juanita seria y de mal humor, turbando su franca alegría y refrenando sus expansiones amistosas.

De esta suerte, poco venturosa y triunfante para don Paco, se pasaron algunos días y llegaron los últimos del mes de Julio.

Hacía un calor insufrible. Durante el día los pajaritos se asaban en el aire cuando no hallaban sombra en qué guarecerse. Durante la noche, refrescaba bastante. En el claro y sereno cielo resplandecían la Luna y multitud de estrellas que, en vez de envolverle en un manto negro, le teñían de azul con luminosos rasgos de plata y refulgentes bordados de oro.

Ambas Juanas no recibían a don Paco en la sala, sino en el patio, donde se gozaba de mucha frescura y olía a los dompedros, que dan su más rico olor por la noche; a la albahaca y a la hierbaluisa, que había en no pocos arriates y macetas, y a los jazmines y a las rosas de enredadera, que en Andalucía llaman de pitimini, y que trepaban por las paredes y formaban verde cortina, enredándose a las rejas de las ventanas, en los cuartos del primer piso, donde dormían Juanita y su madre.

En aquel sitio, tan encantador como modesto, era recibido don Paco. Todavía allí, a la luz de un bruñido velón de Lucena, de refulgente azófar, se jugaba al tute en una mesilla portátil, pero no con la persistencia que bajo techado. Otras distracciones, casi siempre gastronómicas, suplían la falta del juego. Juana, que era tan industriosa, solía hacer helado en una pequeña cantimplora que tenía; pero con más frecuencia se entretenían comiendo ora piñones, ora almendras y garbanzos tostados, ora flores de maíz, que Juanita tenía la habilidad de hacer saltar muy bien en la sartén, y ora altramuces y a veces hasta palmitos, cuando los arrieros los traían de la provincia de Málaga, porque en la de Córdoba no se crían.

Estas rústicas semicenas, dignas de ser celebradas por don Francisco Gregorio de Salas en su famoso Observatorio, deleitaban más a don Paco que hubieran podido deleitarle las antiguas cenas de Trimalción o de Apicio y las modernas de la Maison Dorée o del Café Inglés en París, pareciéndole mejor aquellos groseros alimentos que la ambrosía que comen las deidades del Olimpo, ya que Juanita, comiéndolos, les comunicaba cierta celestial u olímpica naturaleza. Dichas chucherías, apéndices de la verdadera cena que cada uno había tomado ya en su casa antes de empezar la tertulia, probaban además, cuando las dos Juanas y don Paco se las comían sin el menor susto y sin ninguna mala resulta, que nuestros tres héroes poseían tres estómagos de los más sanos, eficaces y potentes que hay en el mundo.

Una noche en que estaban aquellas señoras muy familiares, conversables y benignas con don Paco, se atrevió éste a ofrecer algo que pensaba en ofrecer tiempo hacía, sin acabar de decidirse por temor de que no aceptasen su obsequio.

Desechado el temor, dijo al cabo:

—De hoy en ocho días, el 4 de Agosto, habrá grandes fiestas en este pueblo. Habrá procesión, feria, velada, función de iglesia y sermón, que predicará el padre Anselmo, contando y celebrando la vida y milagros del glorioso Santo Domingo de Guzmán, nuestro patrono y abogado en el cielo. Tengo yo una pieza de tela de seda, flexible y rica, por el estilo de la de estos mantones que llaman de espumilla o de Manila. Carece de bordados y es de color verde oscuro. Me la envió meses ha de regalo mi sobrino Jacintico, que está en Filipinas empleado en Hacienda. Tiempo hay todavía de hacer con esta tela un precioso vestido de mujer. ¿Y quién le llevaría con más garbo y lucimiento que Juanita si aceptase mi presente? La tela es pintiparada para hacer el traje, y si ustedes quieren darse prisa, aún tienen tiempo de sobra.

Madre e hija dieron mil gracias a don Paco por su buena intención, mostrando repugnancia en aceptar por el qué dirán y sosteniendo que cuando viesen a Juanita con traje tan lujoso todo el lugar se alborotaría, adivinaría que la seda era regalo de don Paco y él y ellas darían una estruendosa campanada.

Nada contestó don Paco a tan juiciosos razonamientos; pero hizo algo más elocuente y persuasivo. Tomó de una silla un paquete que había traído recatadamente envuelto en un pañuelo, y desdoblándole mostró la tela a la luz del velón.

Ambas mujeres admiraron aquella hermosura; la calificaron de divina. Los ojos y el alma se les iban en pos de la tela. En suma, no pudieron resistir y aceptaron el obsequio. Juana quiso mostrarse más difícil y Juanita tuvo que ceder y que aceptar antes que ella.

No bien se fue don Paco, a eso de las doce, Juanita dijo a su madre:

—Yo no he sabido resistir. La tela es encantadora. Lo que más me agrada en ella es su flexibilidad, porque no tiene tiesura como otras sedas. Se ceñirá muy bien al cuerpo y se podrá dar mucho vuelo a las faldas, que formarán pliegues muy graciosos. Vamos... he caído en la tentación. ¿Qué no van a murmurar y a morder las envidiosas cuando me vean tan peripuesta y tan guapa ir a la función de iglesia el día de Santo Domingo? Porque tú, mamá, irás con tu mantilla de tul bordado, y me emprestarás o me regalarás la otra que tienes de madroños, que me está como pintada. Varias veces la he sacado del fondo del arca y me la he probado, mirándome al espejo. Mucho van a rabiar cuando me vean tan maja las hijas del escribano, que gastan tanta fantasía como si fueran dos marquesas, aunque son dos esperpentos y van siempre mal pergeñadas.

—Sí, hija; pues si la menor está tan escuchimizada que parece una lombriz de caño sucio, y la otra es tan pequeñuela y tan gorda como una bolita. Si llega a casarse, a tener hijos y a engordar más, perderá la forma de mujer y se convertirá en cochinilla de San Antón. Pero dejando esto a un lado, yo no las tengo todas conmigo. Despertaremos la más tremenda envidia y nos pondrán como un regalado trapo.

—Pecho al agua y preparémonos para la lucha. ¿Qué podrán decir de mí? ¿Que don Paco me viste? Pues yo voy a vestir a don Paco... y patas. Mira, con mis ahorrillos iré mañana a la tienda del Murciano y compraré paño de Tarrasa o del mejor que tenga. Calcula tú cuántas varas se necesitan. Él tiene gabina, castora o como se llame; pero su levita, aunque no se la pone más que diez o doce veces al año, está ya desvergonzada de puro raída.

Sin chistar, con mucho sigilo, vamos tú y yo a hacerle una levita nueva, según el último figurín de *La Moda Elegante e Ilustrada* que recibiste de Madrid el otro día. Como tú tienes las medidas de don Paco y eres muy hábil, la levita, sin probársela ni nada, le caerá muy bien, y ya verás con qué majestad y con qué chiste la luce en la procesión, cuando marche en ella entre los demás señores del Ayuntamiento. Así no seré yo sola, sino él también quien estrene prenda en tan solemne día.

—Pero, muchacha, eso que dices no es apagar el fuego, sino echarle leña para que arda más. Si han de murmurar como uno al verte con el vestido nuevo, murmurarán como dos al ver con levita nueva a don Paco.

—Pues que murmuren. Lo que yo me propongo al regalar la levita, además de la satisfacción que me cause el obsequiar a don Paco, es que nadie me acuse, y sobre todo que no me acuse yo misma de tener el vestido sin dar en pago algo equivalente.

Decididas así las cosas, al otro día se compró el paño. Juana cortó con segura destreza la levita y el traje de mujer, y madre e hija y dos oficialas trabajaron con tal ahínco que el 3 de agosto, víspera del día del santo, levita y vestido de mujer estaban terminados.

XIV

Cuando aquella noche vino don Paco de tertulia le dieron la sorpresa de enseñarle la levita.

Él casi se enojó y hasta se le saltaron las lágrimas de puro agradecido.

En el patio mismo se probó la levita; le hicieron dar con ella cuatro o cinco paseos y ambas mujeres encontraron que con la levita estaba don Paco muy airoso; y eso que no se veía todo el efecto porque no había traído la gabina sino el hongo como de costumbre, y la levita y el hongo no armonizan bien.

Animados ya los tres y de buen humor, dijo don Paco.

—No comprendo por qué gustan ustedes tanto de la soledad y están tan retraídas. La plaza, esta noche, estará animadísima. Todo el mundo habrá acudido a la verbena y a ver los fuegos, que dicen que serán magníficos. Empezarán en punto de las once, y como habrá muchos cohetes y dos o tres soles o ruedas, y a lo último un gran castillo que terminará con un espantoso trueno gordo, durará la fiesta hasta después de media noche. La gente quiere que el trueno gordo estalle en el momento mismo que empiece el día del santo, y espera que el santo le oiga desde el cielo y se alegre de que sus patrocinados le saluden y feliciten. ¿Por qué no se animan ustedes y van a gozar de todo esto? Iremos juntos. Yo las acompañaré.

—Bien quisiera yo ir —contestó Juana—, pero temo que nos pongan como chupa de dómine cuando nos vean reunidos.

—Pues mira, mamá, deja que nos pongan como les dé la gana; a mí me sale de adentro el ir, y no quiero andar con repulgos. Vamos allá y arda Troya. Como estamos vamos bien; sin nada en la cabeza; no tenemos más que echar a andar.

Sin hacer más reparos, los tres se fueron enseguida a la velada y feria que había en la plaza, la cual, con los muchos farolillos y candilejas que la iluminaban, parecía un ascua de oro; y por el bullicio y por la muchedumbre de gente que casi la llenaba, era un hormiguero de seres humanos.

En los balcones, en las ventanas y en las puertas de las casas, las personas de más edad y fuste estaban sentadas en sillas.

Las jóvenes se paseaban o se paraban a contemplar las tiendas de mercaderes ambulantes que se extendían por la plaza y por dos o tres calles de las que en la plaza desembocan.

Las tiendas a las que se agolpaba más gente eran las de juguetes y muñecos. Apenas había chicuelo que no fuese obsequiado por sus padres o por los amigos de sus padres con un pito, con una trompeta o con un tambor. Y como casi todos desplegaban enseguida su capacidad musical en los instrumentos que les habían mercado, el aire resonaba con marcial y alegre, aunque algo discordante armonía. Ni faltaban en las tiendas de muñecos trompas merinas, siempre-tiesos, sables y fusiles de madera y de latón, y especialmente Santos Domingos de diversos tamaños, todos de barro cocido y pintado de vivísimos colores. Estas imágenes eran las que más se vendían, porque el santo inspiraba en el pueblo devoción fervorosa.

El ambiente estaba embalsamado por el aroma del aceite frito de más de quince buñolerías donde gitanas viejas y mozas freían y despachaban de continuo esponjados buñuelos, que unas personas se comían allí mismo con aguardiente o con chocolate, y otras se los llevaban a su casa ensartados todos en un largo, flexible y verde junco.

Ni faltaban allí tampoco puestos de exquisitas frutas; pero los que más atraían la atención de los chicuelos, eran los de almecinas, ya que, además del gusto de comérselas, proporcionaban la diversión de ejercitar la puntería tirando al blanco. Cada muchacho que compraba almecinas, compraba también un canuto de caña, cerbatana por donde, después de haberse comido la poca y negra carne de la fruta, disparaba soplando el huesecillo redondo y duro. Estos proyectiles corrían silbando por el aire como las balas en una reñida batalla, salvo que eran mucho más inocentes, pues apenas hacían daño, si por una maldita y rara casualidad no acertaban a darle a alguien en un ojo, pues entonces bien podían dejarle tuerto. Caso tan lastimoso, sin embargo, rara vez ocurre y, por consiguiente, la muchedumbre se paseaba tranquila en medio de aquel feroz tiroteo.

Había, por último, en la feria nocturna siete u ocho mesillas de turrón y hasta tres confiterías, donde lo que con más abundancia se despachaba eran las yemas, los roscos de huevo y las batatas enconfitadas.

Se cuenta que cuando algún galán campesino, que presume de muy rumboso, quiere obsequiar a su novia o a la muchacha a quien va acompañando, se dirige al confitero y le pide yemas o batatas.

—¿Cuántos quiere usted? —dice el confitero poniendo en uno de los platillos del peso la pesa de cuarterón.

—Eche usted jierro —responde el galán.

El confitero pone la pesa de media libra.

—Eche usted más jierro —repite varias veces el galán, y el confitero va echando casi todas las pesas: pero siempre la muchacha, llena de exquisita delicadeza, y con los más modestos remilgos, alega la dificultad que hay en trasladar a casa tanta balumba y pesadumbre de confites y asegura que no se los podrá comer en una o dos semanas y que se pondrán agrios, secos o rancios. En fin, ella está tan elocuente, que el galán, aunque al principio se resiste llamando a la muchacha dama de la media almendra, al cabo se deja convencer, pero no de repente, sino poquito a poco; y según va entrando el convencimiento en su ánimo y ella sigue hablando, él la interrumpe a trechos diciendo al confitero:

—Quite usted jierro.

Y de esta suerte acaba por no quedar en el platillo de las pesas más que la de cuarterón y a veces la de dos onzas.

Para que no careciese la velada de ningún atractivo, hubo en ella también una banda de música militar, que se había conservado desde la época en que hubo milicianos nacionales, gracias a los desvelos y esfuerzos de don Andrés Rubio, que había sido comandante de la milicia. Los ocho músicos de que constaba la banda vestían aún, cuando iban a tocar de ceremonia, el antiguo uniforme de la extinguida institución defensora de nuestras libertades. Eran los músicos menestrales o jornaleros de los más listos; no tocaban mal, y siempre el Municipio les pagaba un buen estipendio: seis y hasta ocho reales a cada uno. De este modo se libertaba Villalegre del tributo a que estaba sometida en lo antiguo, haciendo venir de la ciudad vecina, siempre que había función, a los músicos, a quienes apellidaban en el lugar traga-lentejas.

Don Paco paseó a sus amigas por toda la feria, dando no poco que murmurar, según habían previsto.

Como ellas eran más finas que los jornaleros, ninguno se acercaba a hablarles, y como estaban en más humilde posición que las ricas labradoras, propietarias e hidalgas, la aristocracia las desdeñaba. El nacimiento ilegítimo de Juanita hacía mayor este aislamiento. Juanita no tenía ya una amiga. Entre los mozos, como había desdeñado a muchos, los pobres no se le acercaban por ofendidos o por tímidos, y los ricachos, que si ella hubiera sido fácil hubieran porfiado por visitarla en su casa, temían desconcharse o rebajarse acompañándola en público. Antoñuelo era el único galán que aún se complacía en acompañar a Juanita; pero Antoñuelo andaba entonces muy extraviado y se hallaba ausente en una de sus correrías por los lugares cercanos.

Las mozas que solían ir por agua a la fuente del ejido, y los arrieros, pastores y porquerizos que acudían a dar agua al ganado, considerando que desde que Juanita dejó de ir allí se daba tono de señora, no se atrevían ya ni a saludarla.

Toda la noche, o sea hasta que los fuegos terminaron, que fue ya cerca de la una, madre e hija permanecieron en la plaza, y hubieran estado sin otro acompañante que don Paco, si don Pascual, el maestro de escuela, no se hubiera unido también a ellas.

Era don Pascual un solterón de más de sesenta años, delicado de salud, flaco y pequeño de cuerpo, pero inteligente y dulce de carácter.

Desde que Juanita tuvo seis años don Pascual, prendado de su despejo y de su viveza, se había esmerado en enseñarle a leer y escribir, algo de cuentas y otros conocimientos elementales.

Juanita había tenido en el maestro de escuela un admirador constante y útil, porque había sido para ella, a falta de aya, ayo gratuito y celosísimo.

Ella, en cambio, hacía mucho honor a su maestro, pues tomando sus lecciones en horas de asueto y cuando la escuela estaba desierta de muchachos salió discípula tan aventajada, que avergonzaba a casi todos los que a la escuela asistían.

Nadie sabía mejor que ella el Catecismo de Ripalda y el Epítome de la gramática. Nadie conocía mejor las cuatro reglas.

Había aprendido también Juanita algo de geografía y de historia; y ya, cuando apenas tenía nueve años, recitaba con mucha gracia varios antiguos romances y no pocas fábulas de Samaniego.

Tiempo hacía que don Pascual no visitaba a Juanita ni a su madre.

Primero las frecuentes visitas de Antoñuelo le habían espantado. Después le retrajo más de ir en casa de las dos Juanas el saber que tanto las frecuentaba don Paco. Tal vez supuso el bueno del maestro que Antoñuelo y don Paco bastaban en aquella casa, y que si él iba estaría de non y sería un estorbo.

Aquella noche pasó por acaso don Pascual cerca de Juanita, y ésta se dirigió a él diciéndole:

—Buenas noches, maestro. ¿Qué le hemos hecho a usted, que tan caro se vende y que nos tiene tan olvidadas?

Fueron tantas las cordiales zalamerías de la muchacha, que la preocupación de que él pudiera ser estorbo se le borró por completo del magín, y acompañó a ambas mujeres durante toda la velada, siendo el cuarto personaje del grupo.

Ya paseaban los cuatro, ya se sentaban en los bancos de piedra que hay en la plaza. Siempre estaban o iban en medio las dos mujeres, y alternando, a un lado y a otro, ambos galanes.

Ellos quisieron obsequiarlas con confites, pero ninguna de las dos consintió tamaño despilfarro. Para que don Paco no lo tomase a desaire, dejó Juana que le comprase un buen puñado de cacahuetes y cotufas que se echó en el bolsillo y que se iba comiendo. Juanita, que gustaba mucho de las castañas, como la Amarilis de Virgilio, se avino a que don Pascual le comprase un cuarterón de pilongas, que también se iba comiendo sin el menor melindre.

A don Pascual le bastó con una que ella le dio como fineza, porque, como don Pascual no tenía dientes, no la podía roer ni mascar y la tuvo hora y media en la boca, tratando en balde de ablandarla, y recordando que sin duda por eso, así como por su baratura, se llaman las castañas pilongas caramelos de cadete.

Agradablemente pasaron, pues, la velada, y fueron de los que más gozaron en ella, sin perdonar los fuegos, con los que la velada terminó, y que estuvieron espléndidos.

Los galanes, ya cerca de la una, acompañaron a ambas Juanas hasta la puerta de su casa.

Cada mochuelo a su olivo, como suele decirse. Todos en el lugar se retiraron a dormir y trataron de dormir profundamente y deprisa, a fin de estar listos y bien apercibidos, desde muy temprano, para las magníficas fiestas que había de haber el día siguiente.

XV

Desde el amanecer empezó a solemnizarse el 4 de Agosto de manera estruendosa: con repique general de campanas. Multitud de gente, así de la villa como de no pocos lugares cercanos, circulaba por la vía pública; acudía a la plaza, donde seguía la feria como en la noche antes, o se agolpaba en la carrera por donde había de ir la procesión, saliendo de la iglesia de Santo Domingo, que era la parroquia, y volviendo a entrar en ella después de haber dado gentil paseo por las calles principales. Éstas habían sido bien barridas y alfombradas luego de juncia y gayomba. Aguardando ver pasar la procesión se hallaban muchas personas en las puertas, ventanas y balcones, pendientes de cuyas rejas y barandas lucían vistosas colgaduras de damasco encarnado, verde y amarillo, o de colchas de algodón estampado con enormes floripondios y orladas de rizados y cándidos faralaes.

La población toda estaba de gala. Los hombres, bien afeitados, pues la víspera quedaron abiertas las barberías y afeita que afeita hasta muy dadas las doce. Los señores más importantes y ricos, cuantos recibían el tratamiento de don, estaban de levita y castora, y hasta con frac dos o tres, el escribano entre ellos. Los jornaleros, de camisa limpia y con sus mejores ropas, si eran jóvenes, iban en cuerpo, pero con chivata o larga vara de membrillo, oliva o fresno; y si eran ya mayores de edad, con capa, para el conveniente decoro, por ser por allí la capa el traje de etiqueta, del que no se puede prescindir aunque se achicharre o derrita el humano linaje, como era entonces el caso, porque el Sol hacía chiribitas.

Las mujeres de todas las clases sociales habían sacado sus trapitos de cristianar para adornarse aquel día. Ninguna iba con la cabeza descubierta. Todas, si no tenían mantilla, llevaban mantones de lana ligera, o bien pañuelos que denominan allí seáticos, o sea de percal lustrosísimo, que imita la seda. Las damas pudientes, ya provectas, vestían trajes negros u oscuros de tafetán, de sarga malagueña o de alepín y de cúbica; y las señoritas, sus hijas, iban con trajes de muselina o de otras telas aéreas y vaporosas, pero ninguna sin mantilla, ora de tul bordado, ora de blonda catalana o manchega. Sobre la pulidez y el aseo del peinado, y como matorral al pie de enhiesta torre, relucían, junto a las peinetas de carey, las moñas de jazmines, la albahaca y otras yerbas de olor, y las rosas y los claveles rojos, amarillos, blancos y disciplinados.

Las flores abundaban en Villalegre, gracias a la fuente del ejido, cuyas milagrosas propiedades ya hemos elogiado, y gracias también a otros caudalosos veneros, que brotan entre rocas al pie de la inmediata sierra, y a varias norias y a no pocos pozos de agua dulce, con los cuales se riegan huertos, macetas y arriates.

Por entre los hierros de las cancelas que había en las mejores casas se veían los floridos patios, en algunos de los cuales los naranjos y las acacias prestaban grata sombra. Las plantas enredaderas trepaban por las paredes y formaban tupido cortinaje en las ventanas del primer piso.

En el centro del patio, o refrescaba el ambiente un surtidor que caía en roja taza de bruñido jaspe o se levantaba gran pirámide de tiestos, formando compacta masa de flores y verdura.

Las libélulas y las inquietas mariposas revoloteaban en torno y las avispas y las abejas zumbaban buscando miel.

El territorio o término de Villalegre confina con la campiña, donde todas son tierras de pan llevar o baldíos incultos, sin huertas, ni olivares, ni viñedos. Si algo verdea por aquellos campos es tal cual melonar en las hondonadas. Todo lo demás es en aquella estación pajizo, ya sembrado, ya barbecho, ya rastrojos, los cuales arden como yesca y suelen quemarse para fecundar el suelo. Las plantas que se elevan más por allí y dan mayor sombra son las pitas. Son las más leñosas y arborescentes los cardos y los girasoles. Así es que en los hogares se guisa con cierto producto animal, que no solo da calor, sino perfume, salvando por el aire una o dos leguas de distancia, de suerte que las poblaciones se huelen mucho antes de llegar a ellas, y aun de columbrarse en el horizonte sus campanarios.

Los gorriones, los jilgueros, las golondrinas y otras cien especies de pintados y alegres pajarillos salen a la campiña con el alba, a coger semillas, cigarrones y otros bichos con que alimentarse: pero todos anidan en el término de Villalegre, y vuelven a él, después de sus excursiones, para guarecerse en sus sotos y umbrías, para beber en sus cristalinos arroyos y acequias, y para regocijar aquel oasis con sus chirridos, trinos y gorjeos.

Aquel día, que era en extremo caloroso, o no habían salido las aves a merodear o habían vuelto tempranito, y trinando y piando, mientras que arrullaban tórtolas y palomas, hacían salva y música al Santo Patrono, así en los alrededores como dentro de la misma villa.

Para mayor ornato y esplendor se habían erigido en ella seis triunfales arcos de lozano y verde follaje.

La procesión salió en buen orden de la iglesia a las ocho en punto de la mañana. Rompían la marcha el sacristán y los monaguillos que llevaban el estandarte, la manga de la parroquia y dos cruces de plata, a uno y otro lado de la manga. Después, muchísima cera, esto es, multitud de hombres con velas encendidas caminaban en dos hileras. A trechos aparecían conducidas en andas hasta seis imágenes de santos, todas policromas, de barro o de madera. La quinta imagen era la de Santo Domingo. Su cara, severa y hermosa. Sobre su inspirada frente relucía una estrella de plata sobredorada. Con su mano derecha echaba el Santo bendiciones. A sus pies había un perro, muy bien figurado, que llevaba entre los dientes una antorcha, al parecer encendida, con la cual, según el sueño de Santa Juana de Asas, abrasaba e ilustraba el mundo en amor y en conocimiento de Dios. Continuaban luego las dos filas de hombres con velas ardiendo, y por último, venía una bella efigie de la Virgen, que estaba sobre los cuernos de la Luna, la cual Luna era de plata, lo mismo que la corona que llevaba la Santísima y Celestial Señora.

Era su manto de raso azul celeste, todo él bordado también de plata, y que había costado un dineral. Tenía la Virgen en el brazo izquierdo, apoyado contra el corazón, a un precioso niño Jesús, con la bola del mundo, que ostentaba la cruz en lo más alto. En la mano derecha llevaba la Virgen el escapulario del Carmen.

Iban delante de la Virgen con dalmáticas e incensarios dos diáconos que por allí llaman jumeones.

En mitad de los jumeones descollaba el hermano mayor de la cofradía con túnica de seda azul sobre el frac, y empuñando larga pértiga de plata. Este hermano mayor era nada menos que el marido de doña Inés y yerno de don Paco, el ilustre don Álvaro Roldán, uno de cuyos antepasados había costeado la imagen de la Virgen, así como la de Santo Domingo, obras ambas de Montañés, según se jactaban de ello los naturales de Villalegre.

En pos de la Virgen, revestido de riquísima capa pluvial, aparecía el padre Anselmo, y en torno de él varios capellanes, así indígenas como forasteros, con roquetes y sobrepellices, sueltos algunos de ellos, y otros seis sosteniendo los argentinos varales del magnífico palio, debajo del cual se contoneaba con la debida prosopopeya el ya mencionado cura párroco.

Inmediatamente marchaban los individuos del Ayuntamiento, con el alcalde a la cabeza, el cual llevaba bengala con puño y borlas de oro. El secretario don Paco estaba al lado del alcalde, con su levita nueva, elegantísimo, y excitando la envidia de otros señores, cuyas levitas o fraques eran viejos, fuera de moda y algunos muy pelados, y ya que no con remiendos y rasgones, con picaduras de polilla, zurcidos chapuceros y tal cual lamparón o mancha de pringue o aceite, no menos conspicua que las que notó y censuró el Cid en el hábito del monje don Bermudo.

El cacique, don Andrés Rubio, brillaba en la procesión por su ausencia.

Cercado de una caterva de muchachos, se mostraba luego el hombre más forzudo del lugar, con la bandera del Santo, cuya asta era larguísima. La bandera estaba hecha de retazos cuadrados de tafetán de diversos y vivísimos colores. Y era la gala que aquel jayán, cuando había para ello espacio bastante, porque el paño de la bandera tenía lo menos cuatro varas en cuadro, revolotease la bandera girándola en torno, paralela al suelo, de modo que, agachándose los muchachos y hasta algunos hombres y mujeres, eran por ella cobijados y benditos. Esta operación del revoloteo y del cobijo iba siempre acompañada de un precipitado redoble de tambor, tocado por un tamborilero hasta cierto punto eclesiástico y consagrado a aquel menester.

No cerraba la procesión ninguna tropa de veras, porque en el pueblo, desde que se había extinguido la milicia nacional, no había soldados. Solo había dos guardias civiles. Sin embargo en lugar de los traga-lentejas, que solían venir en lo antiguo de una ciudad cercana, iban los músicos municipales casi siempre tocando, y vistiendo aún el uniforme de la extinguida milicia.

No contentos con esto los del lugar, y considerando y sabiendo, más o menos confusamente, que el santo patrono había tenido algo de guerrero, quisieron que aquella pompa fuese más militar, y tuvieron una felicísima idea. A los soldados romanos que salen allí en las procesiones de Semana Santa, les pusieron en el pecho cruces de terciopelo carmesí, y los convirtieron de perseguidores de Cristo en perseguidores de herejes y de judíos, enemigos de Cristo; y a los judíos que salen también en Semana Santa, los dejaron judíos aunque de otra época, o bien los trasformaron en herejes de los que los amigos del santo habían metido en costura. Los soldados romanos estaban vestidos con mucha propiedad, porque en el pueblo había un santo nacido en él, el cual santo perteneció a la Legión Tebana; y como en compañía de una de sus canillas, hallada en las catacumbas, vino de Roma su imagen, el traje que llevaba sirvió de modelo para hacer los de los soldados romanos.

En cuanto al traje de los judíos, era tan fantástico que podía valer para cualquier época, si bien tenía el inconveniente de ser tan rico y primoroso, que solo los señoritos más acaudalados del pueblo les podían costear; así es que había pocos judíos, muchos menos que soldados romanos; mas no por eso se sometían del todo, sino que de vez en cuando se enredaban a trancazos con los cruzados, armando muy graciosas escaramuzas o simulacros de pelea, con los cuales el pueblo se reía y era como el sainete o parte cómica de la procesión.

Debemos advertir que estos judíos o herejes, tan elegantes en el vestir, gastaban ciertas espantosas carátulas, con enormes narices, a veces como berenjenas, amoratadas y llenas de verrugas, porque los judíos de los tiempos antiguos eran más feos que los de ahora, si bien entonces tenían la mar de dinero cuando se vestían con tanto lujo.

La devota muchedumbre no veía pasar la procesión en reverente y mustio silencio, sino con alborozo y algazara, prorrumpiendo en nutridos y sonoros vivas, entre los cuales se oían a veces proposiciones candorosamente heterodoxas y aun un poco blasfemas de puro entusiastas, como por ejemplo: ¡Viva nuestro glorioso Patriarca, que joroba a todos los demonios! ¡Viva nuestro Santo Patrono, que achica a todos los otros santos!

Para colmo de devoción y muestras de júbilo, varios mozos tenían escopetas y trabucos, y disparaban tiros sin bala ni perdigones, pero con mucha pólvora y muy apretada por el taco, a fin de que retumbase más el tronido.

En suma, la procesión no dejó nada que desear. El público quedó muy satisfecho.

XVI

A las diez se cantó la misa mayor con órgano, que le hay allí muy bueno, y no sucede lo que en Tocina y en otros lugares de la Andalucía Baja, donde dicen que a falta de órgano tocan la guitarra en la iglesia. De esto no respondemos. Puede que sea calumnia. Lo contamos porque lo hemos oído contar.

La Virgen estaba ya de nuevo ocupando su camarín en el altar mayor, cuyo retablo, todo de madera tallada y dorada, subía hasta la cumbre del ábside, y era caprichoso y atrevido desate del estilo churrigueresco: complicado laberinto de retorcidos tallos, colosal hojarasca, frutas, armas, monstruos simbólicos y rosetones, por los cuales asomaban sus infantiles y aladas cabezas los ángeles y los serafines.

A la derecha y sobre otro altar, estaba ya también en su nicho el Santo Patrono.

Ambos altares resplandecían con muchísimas velas y hachones ardiendo; y ramilletes de flores y festones y guirnaldas de arrayán, laurel y limonero los engalanaban.

Las paredes del templo, si bien blanqueaban sin mácula por el reciente enjalbiego, se veían en parte cubiertas de rojo damasco, aunque el damasco era poco, y era más el filipichín que le remeda.

A ambos lados del altar de Santo Domingo admiraban los fieles multitud de ex votos, claro testimonio de la potencia milagrosa de su celestial abogado. Allí piernas, ojos, brazos y hasta niños completos, y bastantes tablitas pintadas al óleo, donde el milagro se representaba, y por medio de un largo letrero escrito al pie quedaba explicado.

La multitud llenaba el templo. En el centro las mujeres, de rodillas o sentadas en el suelo, se abanicaban casi todas. El movimiento de los abanicos de diversos colores alegraba la vista. Alrededor estaban los hombres de pie. Solo ocupaban algunos escaños de nogal los señores del Ayuntamiento y el cacique don Andrés, que vino a la iglesia, aunque no a la procesión.

Las miradas de los asistentes se fijaban con pasmo en el pecho del cacique, donde aquel día brillaba por vez primera la placa de oro, diamantes y rubíes, y la lustrosa banda de una gran cruz que el gobierno acababa de concederle en premio de sus eminentes servicios.

Ambas Juanas, que tampoco habían estado en la procesión, porque la habían visto pasar por delante de su casa, sita en la carrera, aparecieron en la iglesia cuando ya empezaba la misa. Involuntario y general murmullo de admiración se escapó entonces del pecho de los hombres. Las mujeres refunfuñaron de cólera y envidia. La madre iba delante abriéndose paso con los codos. Detrás venía la hija; hecha un Sol, con su lindo vestido de seda chinesca, su mantilla de madroños, su alta peineta. Como el vestido era alto, Juanita no llevaba pañuelo y mostraba toda la gallardía y esbeltez de su talle. Parecía la señora principal, la reina de aquella función, y apenas podían comprender sus compatricios que fuese ella la misma moza que hacía poco iba con un cántaro por agua a la fuente. Era marcial y decidido su paso, pero al mismo tiempo, majestuoso y modesto.

En la mano, que en vez de emplearse en humildes y rudos trabajos domésticos, se diría que había estado conservada entre algodones, como delicada joya, tenía un pericón que manejaba con mucha gracia.

El asombro que causó su entrada en la iglesia bien se puede decir que durante tres o cuatro minutos turbó el orden y la tranquilidad que allí reinaban. El maestro de escuela, hombre leído y que sabía de memoria el romancero, recordó a este propósito, hablando a la oreja a un concejal, el efecto que hizo entrada semejante, en la ermita de San Simón, de cierta niña sevillana, alborotando hasta a los monagos y a los sacristanes, quienes,

en vez de decir amén,
decían, amor, amor.

Tan disparatado triunfo no cogió de susto a doña Inés. Ya tenía ella averiguada la trasformación de Juanita de zagalona rústica en algo que presumía de dama, y ya sabía, merced a las investigaciones de Crispina, que Juanita iba a lucir aquel día un maravilloso traje de lo más a la moda y señoril que se había visto nunca en aquel lugar y en muchas leguas a la redonda. El éxito sobrepujó, no obstante, todos los presentimientos y temores de doña Inés. Aunque todavía estaba guapa, a pesar de los ocho vástagos que había tenido, se sintió en el fondo del alma muy inferior a Juanita en hermosura; no dejó de notar, con profunda mortificación, que Juanita estaba vestida con mejor gusto que ella; y hasta en la distinción, aunque doña Inés se preciaba de muy distinguida, tuvo recelos de que Juanita le llevase ventaja. Apenas se daba cuenta la señora de Roldán del arte o de la adivinación con que una chicuela que se había criado entre pillería andrajosa y casi en medio de la calle, como vaca sin cencerro, se había hecho sujeto capaz de tan repentina elegancia.

Como Juana la Larga iba tan engreída y tan ufana con el asombroso esplendor y con la rara belleza de su niña, no buscó para ponerse con ella de rodillas un sitio muy apartado, sino el mejor y más visible. Ambas mujeres fueron a plantificarse en un pequeño claro, inmediato a los escaños en que estaban el Ayuntamiento y don Paco y don Andrés; claro que el respeto y la humildad de otras mujeres habían contribuido a formar, y en cuyo límite, no distante, se hallaba doña Inés López de Roldán, la cual tomó aquella intrusión por desaforado atrevimiento, y ardió en sed de imponerle pronto y severo castigo.

Al efecto, había ya prevenido al padre Anselmo, y le tenía muy sobrexcitado contra Juanita y contra su madre.

El padre Anselmo distaba mucho de ser malo y de ser ignorante. Sabía no poco de teología dogmática y de moral, y poseía notable despejo y prodigiosa facundia; pero era terco, persistente en las opiniones que una vez aceptaba, y desconocedor de los asuntos mundanos. Doña Inés además le tenía sorbidos los sesos. Doña Inés le infundía una veneración y un cariño alambicadamente espirituales, que la convertían para él en oráculo. Era el devoto afecto que se filtra y se cuela a menudo en el virtuoso corazón de los ancianos: amor sin deseo y sin vicio; lo que hasta llamándose platonismo escandalizaría al mismo que lo siente; lo que es tan sutil, tan etéreo y tan limpio como aquel semi-divino sentir que describe y pinta con rasgos luminosos el conde Baltasar Castiglione en las últimas aúreas páginas de su Cortesano.

El padre Anselmo jamás había leído este libro y no había caído ni podía caer en que sentía inclinación tan dulce; pero, sin tener conciencia de ello, reverenciaba a doña Inés como si fuera ángel o santa. Estaba ciego para todos los defectos y pecados de ella, y no veía o no creía ver en ella sino virtudes: la prudencia, la caridad, el recogimiento y la piedad religiosa. Para el padre Anselmo era doña Inés modelo de casadas y de madres de familia y dechado ejemplar de señoras distinguidas y doctas.

En todo cuanto le dijo acerca de Juanita no advirtió otro intento que el de evitar o reprimir el escándalo y el mal ejemplo que en el lugar se estaban ya dando.

Influido por estas ideas, había preparado el sermón que predicó aquel día y que versaba, con aplicación a las circunstancias, sobre el mismo tema que él gustaba de tratar siempre: sobre la corrupción de nuestro siglo y sobre sus síntomas ominosos, que son alternativamente efectos y causas. Porque la falta de religión hace que se hunda la moralidad, como edificio cuyos cimientos se socavan, mientras que el excesivo regalo y el esmerado atildamiento del cuerpo apartan a las almas de toda seria meditación y las distraen de los bienes eternos, moviéndolas diabólicamente hacia lo temporal y caduco y abrasándolas en el infernal apetito de poseerlo y de gozarlo. De aquí la ambición, la codicia y la lascivia, red que Satanás nos tiende, cebo con que nos atrae y anzuelo con que nos pesca y nos lleva consigo para devorarnos. La incredulidad y la herejía nacen de la molicie y del lujo, y por la ambición y la codicia cunden, se propagan y lo inficionan todo.

El padre ilustró su doctrina con citas históricas. Los albigenses, a quienes convirtió Santo Domingo con ayuda de Simón de Monfort, habían caído en abominable herejía, porque se entregaban a los festines, elegancias y malas pasiones. Una pícara mujer que sedujo a Martín Lutero tuvo la culpa de que se hiciese protestante media Europa. Y la perversa Ana Bolena fue el medio de que se valió el diablo para apoderarse de los ingleses, que eran antes fervorosos católicos. La codicia había sido, sin embargo, peor que la lascivia, ya que, si bien toda revolución herética o impía empezaba con deportes, amoríos y relajación de costumbres, siempre era la codicia la que lograba que triunfase, convirtiendo la revolución en cucaña en cuyo extremo superior se ponían los bienes de la Iglesia.

—Tal vez —añadía el padre— las personas honradas y pacíficas andarán ahora muy confiadas, imaginando que ya acabó la era de las revoluciones, porque la Iglesia es pobre y no tiene bienes que le quiten; pero, ¡ay, cuán lastimosamente se equivocan! A falta de bienes de la Iglesia se pondrán o se ponen ya en lo alto de la cucaña los bienes de los particulares ricos. Y aun habrá menos escrúpulos para incautarse de ellos, como ahora dicen, porque la incautación (socorrida palabra para no emplear otra muy dura que cuadraría mejor), no será sacrílega.

Entonces habló el padre del socialismo, refutándole y procurando demostrar que cada una de sus utopías es sueño y delirio insano. Según él, siempre habrá pobres y ricos, y figurándose ya la revolución social triunfante, dio por ineludible resultado que los que ahora son ricos queden pobres; que algunos de los pobres más listos y audaces se hagan ricos y que la muchedumbre de los pobres se aumente en número y padezca mayor miseria, porque gran porción de la riqueza se habrá consumido o destruido con las huelgas, alborotos y guerras civiles. En cambio, si el orden establecido se conserva y si se cuida de que nadie se haga rico burlando el Código penal, todos trabajarán y se ingeniarán decentemente, por donde crecerán la riqueza y el bienestar; y los ricos serán más ricos y serán más; y los pobres serán menos pobres y menesterosos; y llegará día, allá en lo porvenir, en que los pobres estén mejor tratados que los ricos de ahora. Pero ahora y entonces habrá clases y jerarquías sociales, y será justo que se respeten porque las hay hasta en el cielo.

Aquí declamó mucho el padre contra el feroz empeño que muestran hoy tantas personas por salir de su clase y elevarse sin mérito suficiente: el tendero, solo porque se enriquece, pretende ser marqués; el usurero, duque; el sargento, general, sin ir a la guerra; y las mozuelas desvergonzadas, damas y grandes señoras. Contra todos estos abusos disertó con vehemencia o más bien lanzó centellas y rayos, discurriendo más por extenso sobre el lujo femenino y encareciendo los males que de él proceden.

Al cuerpecito de una niña presumida y muy ataviada le llamó colmena de Lucifer, cuya miel endulza el veneno y de donde salen las abejas y los zánganos de punzantes aguijones, o sea un maldito enjambre de vicios, pecados y sandeces.

Además de escandalizar con aquel lujo y de provocar a los hombres hasta en los lugares sagrados, turbando el sosiego de los espíritus e impidiendo su elevación, se gasta para sustentar dicho lujo más de lo que honradamente se gana; se aceptan regalos de los pretendientes y se les sonsaca el dinero. Dejándose ir, pues, por pendiente tan resbaladiza, las muchachas pobres, que se ponen muy majas, dan con facilidad en busconas. Bien lo comprendió así, dijo el padre, la sabia y gloriosa reina doña Isabel la Católica, cuando se indignó al ver, en unas fiestas que hubo en Segovia, a ciertas aventureras vestidas de seda, y prohibió el uso de la seda a las que no fuesen hidalgas y ricas-hembras, lo cual fue providencia discretísima y moralizadora.

En suma, el padre Anselmo estuvo muy bien aquel día: censuró el vicio sin censurar al vicioso, y no designó ni aludió a nadie.

De esto se encargó la maliciosa envidia de las mujeres, excitada con disimulo por doña Inés. Todas hicieron a la emperejilada Juanita blanco de sus insolentes miradas. La consideración del origen ilegítimo de la muchacha vino a corroborar la creencia de que era pecadora. Cada cual recordó, allá en sus adentros, alguna de las varias sentencias vulgares que sostienen como verdad la trasmisión de la culpa por medio de la sangre: de tal palo, tal astilla; la cabra tira al monte; quien lo hereda, no lo hurta; de casta le viene al galgo el ser rabilargo, y así la madre, así la hija y así la manta que las cobija.

No pecaban las dos Juanas por encogidas ni por medrosas, pero apenas pudieron resistir la muda y formidable tempestad que descargó sobre ellas. Aparentemente estaba más conmovida la madre. Juanita no mostró perder la serenidad y el reposo. Su orgullo y el convencimiento de que no había incurrido en grave falta la sostuvieron. El dolor, no obstante, y la cólera por la inmerecida afrenta bañaron sus mejillas en más encendido carmín. Y bajando ella la vista, veló con los párpados y las rizadas y largas pestañas la luz de sus ojos, que dos mal reprimidas lágrimas humedecieron.

Al terminar la función acertaron madre e hija a escabullirse sin ser muy notadas y a volver precipitadamente a su casa.

XVII

Juanita se dejó caer desmadejada en un sillón de brazos. Juana paseaba, yendo y volviendo a largos pasos en su salita, como leona en su jaula.

—¡Habráse visto —exclamaba— mayor descoco! ¡Vaya... las mantesonas, las pu... ercas! Pues si durase aún la prohibición de la seda, ¿cuál de ellas la llevaría sin contrabando? Mejores hidalgas y ricas-hembras nos dé Dios. De seda y muy de seda iban las dos hijas del escribano, pero aunque la mona se vista de seda, mona se queda. Son más feas que noche de truenos. ¿Y de dónde han sacado su hidalguía? Quizás no sabremos que son hijas de la Frasquita, a quien Dios haya perdonado. Era viuda del cagarrache del molino de don Andrés cuando la pretendió y la tomó por mujer el escribano. Y ¿por qué la tomó por mujer? Para remediarse, porque ella había allegado bastante dinero, con un gran corral de gallinas y más aún con su habilidad para aviar pollos. Aunque iba a la chita callando y no gastaba pito, la llamaban la gabacha. ¡Qué tacto en aquellos dedos verdugos! A escape entrecogía ella como con alicates lo que andaba buscando a tientas en los pobres animalitos, y los dejaba aviados por docenas, sin que se le desgraciase ninguno en la operación. Luego los cebaba y ponía gordísimos y los vendía muy caros. Yo preguntaría al padre Anselmo si oficio tan cruel es propio de las ricas-hembras.

Juanita se recobró pronto de su momentáneo abatimiento y dijo:

—Mira, mamá, no me hables de las hijas del escribano. No las quiero mal. Si me miraban con descaro y con susto fue de puro tontas.

—Pues, hija mía, no sé de qué habían de asustarse. En la menor no se reparaba, porque es tan chiquituela y consumida que parece un guzarapo: pero la mayor bien llamativa estaba. Vestida de colorado y tan gorda, parecía un tomate enorme con patas. Y luego, ¡qué desvergüenza! Durante toda la misa estuvo su novio a la vera de ella, todavía de judío, como había figurado en la procesión. ¡Buena hidalguía está la de Pepito, el hijo del albardonero! En vez de mercarle traje tan costoso, su padre debió hacerle una albarda, que no le vendría mal. Aunque ha vuelto de Granada licenciado en leyes, sigue tan burro como se fue, salvo que rebuzna en latín y larga las coces ajustadas a derecho. Pero, en fin, tú tienes razón. No debemos quejarnos de ellos. Debemos despreciarlos. El arrastrado del padre Anselmo tiene la culpa de todo.

—No maldigas del padre —replicó Juanita—. Es un bendito espejo de santidad. Mucho de lo que dijo en el sermón era juicioso. Y si incurrió en exageraciones, bien sé yo por qué. La Reina Católica prohibiría sin duda la seda, porque en su tiempo se entenderían las cosas de muy otra manera que en el día, y además porque la seda costaría entonces un ojo de la cara y arruinaría al país. En fin, yo no sé por qué prohibió la Reina la seda. Acaso no sea verdad que la prohibiese. Pero si lo es o no lo es, ¿a mí qué me importa? Yo no me quejo de la Reina ni del cura. De quien me quejo es de aquella embustera gazmoña de doña Inés, que es la que ha armado contra mí todo este gatuperio. Ella me las pagará. ¡Voto a Cristo que me las pagará!

Y levantándose entonces de la silla, se dirigió hacia su madre con los ojos echando chispas; y haciendo la cruz como para persignarse, dijo solemnemente:

—Por esta cruz lo juro: yo me vengaré. Ella se acordará de mí durante toda su asquerosa vida, o me han de borrar el nombre que tengo.

—Sí, hija mía —repuso Juana; véngate, véngate. Nada más natural y razonable, pero sin hacer ninguna barrabasada. Y sobre todo no jures, que es pecado mortal. Véngate sin juramento: con cachaza y mala intención.

—Pierde cuidado. No me faltará cachaza. He de disimular más y he de ser más hipocritona que esa indina. Mala intención es lo que no tengo: mi intención siempre será buena.

Al llegar a este punto de su interesante diálogo, ambas interlocutoras oyeron en la calle terrible estruendo de voces, silbidos y carreras. Se asomaron a la ventana y miraron por la celosía. Apenas tuvieron tiempo de ver pasar atropellada muchedumbre de gente, y una vaca brava, atada a una larga y recia soga, de la que tiraban catorce o quince mozos de los más robustos y ágiles. Otros mozos aguijoneaban y enfurecían la vaca, apaleándola con las chivatas y punzándola por detrás con pitacos o bohordos de pita.

No siguieron mirando las Juanas lo que ocurría en la calle, porque más conmovedor espectáculo se ofreció de repente a sus ojos dentro de la sala misma. Apareció don Paco, a quien la criada había abierto la puerta, con una gran pelota colorada entre los brazos. Pronto reconocieron en aquella pelota a la hija mayor del escribano, que venía desmayada y con acardenalado y gordo chichón en la frente. Las mejillas y las narices las traía embadurnadas en una sustancia amarilla y pegajosa, a la que las moscas acudían. Al pronto dio no poco que sospechar la tal sustancia, pero luego se supo que eran yemas despachurradas.

En un cucurucho, que le había feriado el novio, las llevaba doña Nicolasita, y no se rompió las narices porque al caer dio con ellas sobre las yemas.

Embelesada con la conversación de su novio que iba a su lado, con la carátula en la cabeza como montera y casi tan majo como ella, y seguida de su padre y de su hermanita, habían estado todos en la plaza donde Pepito se había despilfarrado feriando los dulces. Allí se habían olvidado por completo de que formaba parte del programa de los regocijos y festejos con que se celebraba el día del Santo, un toro de cuerda, que entonces fue vaca, como hemos dicho.

Al pasar en grupo por la calle donde ambas Juanas vivían, oyeron de repente el alboroto y vieron el tropel de los que huían de la vaca, y hasta entonces no recordaron el peligro a que se habían expuesto.

El escribano, sin pensar en sus hijas, con frac y todo, se subió por los hierros de una reja y logró ponerse en salvo. La hermanita menor, que era muy ligera, tal vez por ser tan ruin y enjuta de carnes, se subió también a otra reja, donde parecía un mico.

El novio estuvo muy caballeroso y quiso imitar a Edgardo, el héroe de la novela de Walter Scott, Lucia de Lammermoor que él había leído; pero la vaca no entendía de heroicidades y le derribó al suelo, dándole un empellón con el testuz. Por fortuna, la vaca no le hizo daño ni caso, porque solo llamaba su atención y la atraía poderosamente aquella masa redonda y colorada que corría delante de ella agitando mucho las faldas. Como la calle estaba cubierta de gayomba y de juncia y con muchas gotas de cera que habían caído al pasar la procesión, el piso se resbalaba demasiado. No es, pues, de extrañar que resbalase doña Nicolasita y diese en el suelo de hocicos. Gracias a las dos libras de yemas que se interpusieron entre su cara y las piedras, no se despampanó la pobre. Solo se hizo en la frente el chichón ya mencionado. Su terror fue inmenso y causa de su desmayo. Allí, en su fantasía febricitante, creyó sentir el cuerno que penetraba traidoramente en sus delicadísimas carnes, ya por un lado, ya por otro; y como con el terror, y antes de que sobreviniese el soponcio, le dio la pataleta, agitaba la falda roja y llamaba más al toro, o digamos a la vaca, que se le venía encima.

La fuerza de los mozos que la detuvieron tirando de la cuerda impidió que hubiese aquel día un desastre y que la función acabase en tragedia.

Don Paco, que venía por allí para visitar a sus amigas, al ver desmayada a doña Nicolasita, la levantó en sus brazos y se refugió en casa de ellas.

Cuando ambas se enteraron de lo sucedido, olvidado el enojo, cumplieron piadosamente con las leyes de la hospitalidad. Hicieron volver de su desmayo a la víctima de la vaca, aplicando a sus narices vinagre muy fuerte; con el mismo vinagre aguado le pusieron compresas en el chichón y se le vendaron con un pañuelo blanco, de suerte que doña Nicolasita parecía un Cupido. Y, por último, le lavaron la cara y le quitaron la costra y churretes de yemas.

Don Paco auxilió en todo esto a las dos caritativas mujeres.

El escribano, Pepito y la hermana menor, recobrados ya del susto, vinieron a la puerta a llamar a doña Nicolasita, la cual, restablecida también, salió en busca de ellos, sin dar ocasión ni tiempo a que entrasen.

Tal vez pudo creerse que esta precipitación en la partida y el no entrar en la casa los otros, había sido de puro avergonzados; pero como doña Nicolasita no dio las gracias sino de un modo muy seco, y Juana y Juanita estaban escamadas, ambas lo atribuyeron a desdén y a estúpido recelo de rebajarse y contaminarse con el trato de ellas.

Más amostazada entonces que nunca Juana la Larga, aprovechándose de un momento en que Juanita había subido a su cuarto, habló a don Paco de esta manera:

—Sr. don Paco; de sobra habrá visto usted la afrenta que nos han hecho hoy. Su hija de usted, mi señora doña Inés, tiene la culpa de todo. Se le figura que le tenemos a usted encantusado, y que le queremos chupar y le chupamos los parneses. Harto sabe usted que eso no es verdad. Mi niña aceptó el corte de vestido y algún que otro regalo; pero los hemos pagado, si no con creces, en lo justo. La levita que lleva usted puesta bien vale la seda que mi hija ha lucido hoy, y que tanto jaleo ha causado. Nosotras queremos mucho a usted, como buenas amigas, pero no le queremos tanto para que por usted nos sacrifiquemos; si seguimos recibiéndole, nos tendrán por unas perdidas, y hasta serán capaces de echarnos del lugar. A Juanita le divierte mucho la conversación de usted, pero yo no quiero conversación que a nada conduce que nos puede salir muy cara. Con que, con pena lo digo, y sin pensamiento de ofenderle; trasponga usted, y no vuelva a parecer por esta casa, al menos hasta que cambien las circunstancias, si es que cambian algún día, y si no cambian, no parezca usted nunca.

Don Paco se compungió y se aturdió al oír este discurso y no acertó a dar contestación. Algo tartamudeaba; pero la resuelta Juana no le dejaba decir palabra. Le empujó hacia la puerta y le echó a la calle antes de que volviese su hija.

XVIII

Atolondrado don Paco con los sucesos de aquel día y más aún con la expulsión de que acababa de ser objeto, no sabía qué camino tomar ni a qué carta quedarse, y maquinalmente se fue a su casa a meditar y a hacer examen de conciencia. Lo primero que notó fue que la tenía muy limpia. No era ningún delito, aunque pudiese pasar por extravagancia, el que estuviese él enamorado de aquella muchacha que podía ser su nieta. El haber ido a su casa todas las noches durante algunas semanas apenas le parecía imprudente y digno de censura. De Juanita formaba sucesiva y a veces simultáneamente, distintos conceptos, como si en el fondo del ser de ella hubiese algo de misterioso e indescifrable. De sobra reconocía él que Juanita, si no le había dado calabazas, era porque él no se había declarado en regla, pero con sus bromas de llamarle abuelo y con la maña que ella empleaba para que él no le hablase al oído y para esquivar el estar a solas con él, harto claro se veía que no quería admitirle por novio ni por amante. Sin embargo, ¿sería este cálculo o ladino instinto de mujer para cautivarle mejor o para entretenerle con esperanzas vagas? También recordaba don Paco los cuchicheos de Juanita con Antoñuelo y se ponía celoso.

¿Si estaría ella prendada de Antoñuelo, y considerando que como novio no le convenía, pensaría en plantarle y en decidirse al fin por don Paco, como mejor partido y conveniencia? ¿Si titubearía ella entre su propio gusto y lo que su madre sin duda le aconsejaba? Como quiera que fuese, don Paco tenía estampada en las telas del juicio la imagen de Juanita, y cada vez le parecía más hermosa y más deseable. Harto bien notaba que ni su madre ni ella habían tratado jamás de medrar a su costa de un modo pecaminoso e ilegítimo. La madre acaso le deseaba para yerno. Lo que es la hija, hasta entonces no había mostrado desearle ni menos buscarle para amante ni para marido. Él había hecho todos los avances. Culpa suya era todo aquel furor suscitado contra las dos mujeres, del cual no le cabía la menor duda de que doña Inés era promovedora. Consideraba luego don Paco, y esto le lisonjeaba y le ponía muy orondo, que Juanita, ya que no le amase, se deleitaba con su conversación, le reía los chistes, le aplaudía las discreciones, y oyéndole hablar se mostraba muy atenta y como pendiente de sus labios. En aquella casa, de donde le habían echado, no había recibido sino honestos y amistosos favores, en pago de los cuales, y fuese por lo que fuese, acababan de recibir ambas mujeres un agravio sangriento, para el cual se creía él obligado de hallar satisfacción.

Exaltado por estas cavilaciones, se decidió don Paco a ir a ver a su hija; a explicarle con franqueza y lealtad lo que había pasado y a pedirle cuenta de su maligna conducta.

De mucho valor tenía que revestirse para atreverse a dar aquel paso. Doña Inés, con su severidad y su tiesura, casi le infundía miedo; pero le venció la vergüenza; hizo cuanto pudo para apartarle de sí, y se dirigió, con todos los bríos que pudo recoger y acumular en su ánimo, a casa de la señora doña Inés López de Roldán, a quien bien sabía él que hallaría sola a la hora de la siesta.

En casa de doña Inés se comía entonces a las dos de la tarde. don Álvaro, cuando no estaba en el campo, se acostaba enseguida, y como comía bastante y bebía más del exquisito vino que se cría por allí, y que es mejor que el de Jerez, con perdón sea dicho, se tendía en su cama y estaba roncando hasta las cuatro o las cinco de la tarde.

A los niños se los llevaban Serafina, el ama y Calvete al otro extremo de la casa, donde no molestaban con su ruido. Doña Inés se quedaba entonces sola en su estrado o en su despacho, ya haciendo cuentas, ya entregada a sus oraciones, ya leyendo algún libro de devoción o de historia.

El cacique don Andrés y otros personajes importantes del lugar no venían de visita o de tertulia sino por la noche. Las malas lenguas pueden decir cuanto se les antoja; los mal pensados pueden suponer las mayores diabluras, pero lo cierto es que doña Inés era recatadísima y, o bien tenía razón el padre Anselmo y era una Lucrecia cristiana, o bien sabía, con prodigioso artificio, practicar aquel famoso precepto que dice: si no eres casta sé cauta. De aquí que doña Inés pudiese erguir muy alta la frente y calificar de brutal y grosera calumnia la más leve insinuación que contra su honestidad se atreviese a hacer algún deslenguado.

Muy entretenida se hallaba entonces leyendo la vida de Santo Domingo, porque a causa de la función de iglesia no había leído aquel día muy de mañana el Año Cristiano (como tenía de costumbre), cuando entró Serafina a anunciar que don Paco llegaba a visitarla.

Don Paco tenía entrada franca en aquella casa, pero Serafina le anunció para tener prevenida a su ama. Apenas transcurrió un minuto entre el anuncio y la entrada de don Paco diciendo buenos días.

—Buenos días dé Dios a usted, señor padre —dijo doña Inés levantándose de la silla, acudiendo respetuosamente a su padre para besarle la mano y convidándole a sentarse, como se sentó, en un sillón frente de ella.

—Dichosos los ojos que ven a usted —prosiguió doña Inés—. Hace no sé cuántas semanas que no pone usted los pies aquí. ¿Qué negocios le traen a usted tan ocupado? ¿Qué le ha caído a usted que hacer que no le deja siquiera una hora o dos libres por la noche para venir a mi tertulia, verme y darme el gusto de que yo le vea, echar algunas manos de tresillo o tener un rato de agradable conversación con el padre Anselmo y con los demás señores que honran mi casa con su presencia?

Estas cariñosas quejas parecían dadas sin intención y como nacidas del filial afecto, pero, al mismo tiempo, eran un cruel interrogatorio, que turbó a don Paco y al que tuvo que hacer un esfuerzo para contestar. De nada valía el disimulo. Era menester contestar con franqueza, y don Paco, armándose de valor, contestó de esta suerte:

—Tienes razón en quejarte, hija mía. Hace tiempo que no vengo a tu tertulia, ¿qué quieres?, acaso han sido chocheces, extravagancias de viejo; pero yo había tomado la maña de ir a otra tertulia más modesta y menos elegante que la tuya, y que sin embargo, lo confieso, tenía para mí singular atractivo.

¡Válgame Dios, señor padre!; lo había oído decir, pero no lo había querido creer hasta que lo oigo de su boca. Extraño me parece que una persona de la posición, de la gravedad y de los conocimientos de usted, se deleite rebajándose y dando conversación, durante horas enteras, a dos mujeres tan ordinarias y tan poco edificantes como las Juanas; pero más extraño es todavía que no sea la conversación de usted y su tertulia con ellas solas, sino que haya usted tenido casi siempre por contertuliano a Antoñuelo, el hijo del herrador, el más pillete y el más zafio de todos los mozos de este lugar. ¡Singular tertulia! ¡Buen par de parejas estaban ustedes! La verdad... yo no sabía qué decir cuando me hablaban de esto. Aseguraban unos que Antoñuelo es el novio o sabe Dios qué de la Juanita y le endosaban a usted a la Juana. Otros afirmaban que usted pretendía a Juanita, ¿pero entonces en qué se empleaba, qué papel hacía el celebérrimo Antoñuelo? ¿Eran ustedes rivales? Confiese usted que ha sido una locura, un disparate, lo que ha estado usted haciendo. No niego yo que la Juanita es guapa, aunque más que de honrada mocita, tiene trazas de desaforado marimacho, o de desenfrenada potranca. Pero aunque fuese Juanita la propia diosa Venus, debía usted (perdóneme, señor padre, si se lo digo, por el interés y el amor que me inspira) debía usted no avillanarse yendo de diario a su casa. Pecado y vicio sería ir allí solo, y como favorecido vencedor; pero el ir en competencia con Antoñuelo, francamente, yo no acierto a calificarlo. Lo mejor que se puede decir es que ha sido un delirio. Vuelva usted en su juicio: deje de visitar a esas mujeres y todos trataremos en el pueblo de hacer olvidar que usted las ha visitado pretendiendo a una de ellas, hasta ahora tal vez en balde. Si ha pecado solo con la intención, no por eso es menor el pecado. Al contrario, ya que no para las personas piadosas y timoratas, para la gente vulgar y profana es pecado más feo. No se ofenda usted si me atrevo a declararlo, con harto dolor lo declaro, la ridiculez le acompaña.

Casi todo el valor de que se había armado don Paco a fin de hablar a su hija y de quejarse de su conducta, cayó derribado a los pies de la señora de Roldán. Sus contundentes razones abrumaban a su padre como una lluvia de acicalados chuzos, cuyas puntas se le clavaban en el corazón. Mirado todo por el lado poético, se explicaba satisfactoriamente. Juanita era el recato, la virtud, el talento y la modestia en persona. Era además hermosa como una ideal virgen espartana, como la propia Diana Cazadora, rica en salud y gallardía; esbelta, fuerte y ágil; con todos los atractivos de la más casta, limpia y juvenil hermosura. Si Antoñuelo, que era un perdido, iba allí y trataba con la mayor familiaridad a Juanita, esto consistía en que Antoñuelo se había criado con ella desde la infancia; en que ella le miraba y candorosamente le quería como a un hermano y en que procuraba evitar que se extraviase y cayese en el precipicio.

La propia madre de Juanita, aunque había tenido en su mocedad lo que llaman en aquellos lugares un tropiezo estaba ya purificada por la vida ejemplar que había hecho después y por el honroso trabajo con que había logrado sustentarse y criar y conservar el fruto de sus desventurados amores. Todo esto y más podía valer como respuesta a las observaciones de doña Inés. Pero lo cierto era que despojado el caso de este tinte poético, y tal como el prosaico vulgo podía entenderle, doña Inés tenía razón que le sobraba. Para la generalidad de los habitantes de Villalegre, Juanita no era más que la mozuela del cántaro, la hija ilegítima de Juana la Larga, la chica que había corrido y jugado con los pilletes en medio de las calles hasta la edad de nueve o diez años, y la que después había conservado una sospechosa e íntima amistad con Antoñuelo, el cual pasaba entre todos por un tunante de la peor especie.

De aquí el desairado y mal papel que una persona de los años, de la seriedad y de la importancia de don Paco, no podía menos de hacer en apariencia, o bien siendo rival de Antoñuelo o bien de acuerdo con él para cortejar a la madre el uno y a la hija el otro. Reponiéndose, no obstante, de la consternación que el tremendo discurso de doña Inés le había causado, y por lo mismo que ella con su feroz acometida le acorralaba, y como suele decirse le ponía entre la espada y la pared, don Paco habló al fin con energía, y dijo de esta suerte:

—La gente podrá decir lo que le dé la gana. Yo me río de la gente porque lo que dice es injusto. Tal vez me acusen las apariencias. En realidad no hay culpa, ni falta ni desdoro en lo que he hecho. Mi yerno será un señor muy noble, pero yo no lo soy, y al tratarme con los plebeyos me trato con mis iguales. Solo se puede exigir de mí que sean decentes las personas que trato, y no hay el menor motivo para afirmar que las Juanas no lo sean. La vista y la conversación de Juanita me deleitaban, y por eso he estado yendo en casa de Juanita todas las noches. Soy mayor que tú en edad, saber y gobierno. Sé lo que me hago. No necesito de guía. No quiero ni debo aguantar tus sermones. Me basta con aguantar el que nos ha echado hoy el padre Anselmo, inocente tal vez, pero que tú y otras mujeres envidiosas habéis envenenado con vuestra malicia.

—¡Dios mío! —interrumpió doña Inés—. ¡Esto solo me faltaba: que llegue la ceguedad de usted hasta suponer que yo envidio a esa hija... de su madre! Lo ocurrido es muy natural, la desvergonzada mozuela se ha encajado en la iglesia, no vestida humildemente, según su clase, sino con el lujo escandaloso de las mujeres cortesanas que bullen en las grandes ciudades y que son la perdición de los hombres. ¿De dónde ha salido el traje que llevaba puesto? Aquí nadie lo ignora. Era regalo de usted.

—No he de negar yo que era regalo mío. Ella le aceptó por no desairarme, pero como me ha dado en cambio prenda de más valor, nadie puede decir que se viste a mi costa. Juanita se viste bien o mal con lo que gana trabajando de modo honrado y lícito, y no estando vigentes en el día la pragmática contra la seda ni ningunas otras leyes suntuarias, no solo de seda sino de oro y de perlas puede vestirse Juanita si tiene dinero para comprar el vestido y si se le antoja engalanarse con él.

—Si el respeto que a usted debo no anudase mi lengua —replicó doña Inés—, me atrevería a decir que está usted loco de atar. ¿Cómo defender el escándalo, la campanada que ha dado esa chica, trasformada de repente en princesa, como en los cuentos de hadas? Tiene chiste el que le haya dado a usted la levita. Ya se la cobrará con usura. Las puntadas de ella y las morcillas y longanizas que sabe hacer su madre, no bastan para costear levitas a los caballeros, y para seguir emperejilándose con ricos trajes y mantillas de madroños como dicen que en Madrid van a los toros las damas de alto copete y las majas de rumbo. El día menos pensado, no solo para ir tan pomposas, sino para comer, faltará dinero a las Juanas, y entonces acudirán a usted y a otros a fin de tenerle, y como no podrán dar en cambio levitas, harto sabe el diablo lo que darán, si ya no lo han dado.

—Ni han dado, ni darán lo que no debe darse —exclamó don Paco perdiendo ya los estribos. Lo que yo te aseguro es que si Juanita quiere darme su mano, yo la aceptaré gustoso, y tú tendrás que respetarla como madre.

—¡Jesús, María y José!, respetar yo a ese arrapiezo... Se me caería la cara de vergüenza si hiciera usted semejante disparate.

—Pues solo de Juanita depende que no le haga. Y como no es posible, sin que nos peleemos, continuar esta conversación, me voy y te dejo. Adiós, hija.

—Señor padre, vaya usted con Dios y él le ilumine, para que no continúe usted desatinando tan lastimosamente.

Don Paco salió con precipitación y muy enojado de casa de su hija y no quedó ella menos furiosa.

Libros a la carta

A la carta es un servicio especializado para
empresas,
librerías,
bibliotecas,
editoriales
y centros de enseñanza;
y permite confeccionar libros que, por su formato y con-
cepción, sirven a los propósitos más específicos de estas ins-
tituciones.

Las empresas nos encargan ediciones personalizadas para
marketing editorial o para regalos institucionales. Y los in-
teresados solicitan, a título personal, ediciones antiguas, o
no disponibles en el mercado; y las acompañan con notas y
comentarios críticos.

Las ediciones tienen como apoyo un libro de estilo con
todo tipo de referencias sobre los criterios de tratamiento
tipográfico aplicados a nuestros libros que puede ser consul-
tado en Linkgua-ediciones.com .

Linkgua edita por encargo diferentes versiones de una
misma obra con distintos tratamientos ortotipográficos (ac-
tualizaciones de carácter divulgativo de un clásico, o versiones estrictamente fieles a la edición original de referencia).

Este servicio de ediciones a la carta le permitirá, si usted
se dedica a la enseñanza, tener una forma de hacer pública
su interpretación de un texto y, sobre una versión digitaliza-
da «base», usted podrá introducir interpretaciones del texto
fuente. Es un tópico que los profesores denuncien en clase
los desmanes de una edición, o vayan comentando errores
de interpretación de un texto y esta es una solución útil a esa
necesidad del mundo académico.

Asimismo publicamos de manera sistemática, en un mismo catálogo, tesis doctorales y actas de congresos académicos, que son distribuidas a través de nuestra Web.

El servicio de «libros a la carta» funciona de dos formas.

1. Tenemos un fondo de libros digitalizados que usted puede personalizar en tiradas de al menos cinco ejemplares. Estas personalizaciones pueden ser de todo tipo: añadir notas de clase para uso de un grupo de estudiantes, introducir logos corporativos para uso con fines de marketing empresarial, etc. etc.

2. Buscamos libros descatalogados de otras editoriales y los reeditamos en tiradas cortas a petición de un cliente.